# 社会治理：
# 潍坊智慧城市实践

中国社会科学院国家法治指数研究中心
中国社会科学院法学研究所法治指数创新工程项目组
著

中国社会科学出版社

**图书在版编目(CIP)数据**

社会治理．潍坊智慧城市实践／中国社会科学院国家法治指数研究中心，中国社会科学院法学研究所法治指数创新工程项目组著．—北京：中国社会科学出版社，2018．7

（地方智库报告）

ISBN 978－7－5203－2761－9

Ⅰ．①社…　Ⅱ．①中…②中…　Ⅲ．①社会管理—研究—潍坊　Ⅳ．①D67

中国版本图书馆 CIP 数据核字（2018）第 151912 号

---

出 版 人　赵剑英
责任编辑　喻　苗　马　明
责任校对　冯英爽
责任印制　王　超

---

出　　版　中国社会科学出版社
社　　址　北京鼓楼西大街甲 158 号
邮　　编　100720
网　　址　http://www.csspw.cn
发 行 部　010－84083685
门 市 部　010－84029450
经　　销　新华书店及其他书店

---

印刷装订　北京明恒达印务有限公司
版　　次　2018 年 7 月第 1 版
印　　次　2018 年 7 月第 1 次印刷

---

开　　本　787×1092　1/16
印　　张　10.5
插　　页　2
字　　数　96 千字
定　　价　46.00 元

---

凡购买中国社会科学出版社图书，如有质量问题请与本社营销中心联系调换
电话：010－84083683

**项目组负责人：**

田　禾　中国社会科学院国家法治指数研究中心主任、法学研究所研究员

张宝庆　山东省潍坊市智慧潍坊建设办公室主任

李　刚　山东省经济和信息化发展研究院院长

**项目组成员：**（按姓氏汉字笔画排序）

王小梅　王小斐　王　玮　王祎茗　王　洋
冯正乾　毕建秀　吕艳滨　刘一鸣　刘雁鹏
李　旺　李　敏　张立峰　陈　军　周鸣乐
胡延年　胡昌明　栗燕杰　戚元华

**执　笔　人：**（按姓氏汉字笔画排序）

王祎茗　王　洋　田　禾　李　刚　胡延年
戚元华

# 目　　录

# 第一章　智慧城市：城市化发展的进阶

“智慧城市”的概念源于国际商业机器公司（IBM 公司）在 2008 年提出的“智慧地球”理念，最初的目标是实现城市的经济稳定增长、可持续发展以及社会管理进步。现阶段，世界各国对“智慧城市”的概念有不同的理解，智慧城市是指以宽带泛在互联网络和数据中心等基础设施为基础，综合运用物联网、云计算、移动互联网、大数据、高性能计算、人工智能等新一代信息技术和宽带通信、绿色通信等通信技术手段，实现基础设施、资源环境、社会民生、经济产业和市政管理城市五大核心功能系统的全面感知、泛在互联、智能融合应用以及全方位、全体系、全过程的可持续创新的理想城市模型。智慧城市的发展先后经历了数字城市、无线城市和智慧城市三个发展阶段。其中，数字城市实现了信息的数字化转换，无线城市通过网络化实现了城市的信息共享，而智慧城市是智能化的阶段，实现了城市智慧应用。

城市是人类走向成熟和文明的标志，随着城市化步伐的不断加快，城市人口膨胀、教育医疗、社会管理、资源短缺、环境破坏等一系列“大城市病”问题越发突出。智慧城市是全球城市化发展的进阶，开展智慧城市的建设将有利于提升城市综合承载能力，推进新型城镇化，促进城市产业提质增效，提升社会治理和公共服务水平，改善民生，进而实现城市的可持续发展。随着物联网、云计算等新一代信息技术的快速发展，全球智慧城市建设将掀起新一轮的发展浪潮。

## 一 全球智慧城市的兴起

从公元前3500年到公元前3000年间，尼罗河流域和两河流域出现人类历史上早期的城市以来，人类文明衍生出了社会、经济、文化、宗教、工业、建筑等社会形态。城市的形成和发展，加快了人类文明的进程，从手工、农耕为主的古代城市，到近代的工业化城市，再到现代科技化的综合性城市，城市的发展也是人类走向成熟和文明的标志。2008年，IBM公司总裁在美国对外关系委员会会议上首次提出了“智慧地球”的概念，进而衍生出了“智慧城市”的概念，从而引发了全球智慧城市建设的热潮。IBM公司在2009年发表的《智慧城市白皮书（IBM）——智慧的中国 智慧的城市》中写到，城市是由组织、政务、交通、通信、水和能源等协作的相互连接的系统组成的宏观系统，“智慧城市”能够实现对城市的精细化和智能化管理。

当前，“智慧城市”的建设已经引起了全球多个国家的关注，包括美国、欧洲、韩国、新加坡、日本等众多国家和地区相继提出了“U-City”“智慧国2015”“智慧增长”等战略规划，纷纷将智慧城市纳入国家级战略发展规划进行部署。

美国作为世界第一的经济强国，尽管在2008年受到了世界金融危机的沉重冲击，但其智慧城市方面的建设计划完全未受影响。2008年，美国积极回应IBM公司提出的“智慧地球”概念，并将其上升为国家战略，这使得美国众多陷入困境的企业看到了全新的希望。无论是从基础设施、技术水平，还是从产业链的发展程度来看，美国在新一轮技术创新浪潮中仍然走在全球前列。[①] 一方面，2009年，美国爱荷华州东部城市——迪比克市，与IBM合作通过IBM-迪比克市计划建立了美国第一座智慧城市。该市利用IBM的最新先进技术，在一个有六万居民的社区里将水、电、油、气等资源连接起来，收集、监测、分析以及整合各项

① 巫细波、杨再高：《智慧城市理念与未来城市发展》，《城市发展研究》2010年第11期。

数据，并实现了所有数据的数字化转换，智能化地为市民提供更加便捷的服务。另一方面，美国早在 2008 年就出现了智能电网城市。2013 年 6 月，美国首个大规模智能电网在佛罗里达州投入运行，系统共有 450 万个智能电力仪表以及超过 1 万个其他仪器设备，其突出的特点就是实现了全部电力仪表和仪器设备的互联。此外，美国哥伦布市致力于构建信息基础设施部署完善、绿色可持续发展和开放创新的智慧城市，该市于 2013 年被“全球智慧论坛”列入“全球七大智慧城市”之一，这也是美国当年唯一入选的城市。①

日本智慧城市兴起较早，建设成就在亚洲属佼佼者。早在 2004 年，日本总务省就已经提出了“U-Japan”战略计划，其目的在于推进日本泛在网络基础设施建设、ICT 应用推广和网络环境优化，发展泛在网络及其相关产业，并由此催生新一代信息科技革命，带动整体经济发展。2009 年 7 月，日本政府财政年度补拨了一万亿日元预算，IT 战略本部也同步推出“I-Japan（智慧日本）战略 2015”，这是日本政府继“E-Japan（电子日本）”计划、“U-Japan”计划之后提出的更新版本的国家信息化战略，其明确指出要让现代信息技术全面融入生产生活，改革经济社会，催生出新的活

① 周丽君：《美国哥伦布市的“智慧城市”建设》，《中国信息化周报》2015 年 11 月 2 日。

力，实现积极自主的创新。[①] 该战略旨在构建以人为本，并且由与公众生活密切相关的电子政府、医疗和健康、教育和人才培养等关键部分组成的数字化社会，提出了日本相关产业发展、信息基础设施建设的发展目标和战略措施。日本政府希望通过智慧城市的建设，改革日本经济社会发展，开拓和培育新产业，切实推进数字化基础设施整顿和智能交通系统等重大建设项目。目前，日本智慧城市的建设已经取得了令人瞩目的成就，在智慧城市与信息技术的建设方面都处于世界先进水平。

韩国是亚洲地区网络覆盖率最高的国家，根据经济合作与发展组织 2012 年公布的数据显示，到 2011 年年末，韩国成为全球第一个高速网络覆盖率达到 100% 的国家。2004 年，面对新一轮“U”化战略的政策动向，韩国信息通信部制定了国家信息化战略，称为“U-Korea”战略。2016 年，韩国信息通信部又在原韩国情报通信部于 2004 年发布的 IT-839 计划中引入了“无处不在的泛在网络”的概念，将其修订为 U-IT839计划，作为“U-Korea”战略的核心行动计划。与日本推出的“U-Japan”战略类似，“U-Korea”战略旨在使所有人可以在任何地点、任何时间享受现代信

① 方旸、方苏春、王金翎：《日本国家信息化发展战略研究》，《情报科学》2012 年第 11 期。

息技术带来的便利。[①] 作为“U-Korea”战略的重要组成部分，韩国政府于2009年通过了U-City计划，并宣布将U-City建设经费纳入国家预算，在2010年9月底开始正式大举启动规模高达5000亿韩元的U-City计划。[②] 此外，2009年，韩国仁川市开始与美国思科公司开展战略合作，提出了名为“Eco-city”的绿色生态城市理念，以建造低碳绿色成长及亲环境城市开发的模范城市为目标，以设置低碳基础设施（构筑亲环境基础设施）、吸收排除的碳（FIX）（建造城市生态环境）和减少碳排放量为战略，推进建造世界高水准的Eco-City集经济性、环境性和节能于一体的生态型和智慧型城市。

新加坡致力于打造“智慧国”，在信息技术发展和应用方面一直处于世界领先地位，IDC公布的2015年度“亚太区领军智慧城市项目”的优胜获奖国家及地区，新加坡在其中四项类别中夺魁，成为最大赢家。早在2006年，新加坡就已经启动了“智慧国2015”计划，其目的主要在于通过物联网、云计算、大数据等新一代信息技术的推广应用，将新加坡建设成为经济、社会发展一流的国际化智慧城市。如今十多年过

---

① 王雅芃：《韩国U-IT839计划给我们的启示》，《人民邮电》2007年4月11日。

② 金江军：《韩国城市进入U-CITY时代》，《信息化建设》2009年第10期。

去了，“智慧国2015”计划的目标大部分已经超额完成，作为升级版的“智慧国家2025”的智能城市计划也逐渐提上了日程，未来势必将建设覆盖新加坡全岛的数据采集、连接和分析基础设施和操作系统，为全国市民提供更好的公共服务。2015年，新加坡政府又发布了《2025年资讯通信媒体发展蓝图》，为新加坡未来十年的资讯通信业（即信息通信业）与媒体业发展指明了基本方向，新加坡政府希望通过实施该项十年发展方针，资讯通信业和媒体业能够激发创造力和提高生产力，并且有能力应对国家挑战，并丰富公众的生活，为智慧城市的建设提供应有的助力。

欧洲智慧城市的实践起源较早，在2000年前后就已经开始智慧城市建设的探索实践。2002—2005年，欧洲实施了“电子欧洲”行动计划，2006年到2010年间，又完成了第三阶段的信息社会发展战略。[①] 英国是欧洲也是全球最早启动智慧城市建设的国家之一。早在2000年，南安普敦市就启动了智能卡项目，开启了英国建设智慧城市的历程。紧接着在2005年，英国政府又启动了游牧项目，旨在推进移动泛在政府管理与公共服务。根据英国奥雅纳全球公司（ARUP）统计结果，在最近五年的时间里，英国政府已经先后投

① 童腾飞、宋刚、刘惠刚：《欧洲智慧城市发展及其启示》，《办公自动化》2015年第7期。

入了 5 亿英镑到智慧城市建设项目中，还另外通过国家科技艺术基金会等类似非营利机构，颁发了多项竞争性项目奖励，以支撑和鼓励智慧城市建设项目的开展。瑞典自 20 世纪 60 年代以来始终致力于智慧城市的探索，积极协调城市建设与资源环境、经济发展、人口结构等多方面的关系，在城市合理规划及系统性解决方案制定方面积累了宝贵的经验。瑞典首都斯德哥尔摩市于 2006 年开展的智能交通建设是瑞典智慧城市建设最具代表性的建设实践之一，因此斯德哥尔摩也成为智慧交通的标杆城市。斯德哥尔摩市交通拥挤非常严重，特别是中央商务区，平均每天约有 45 万辆汽车驶过。在 IBM 公司的助力下，瑞典公路管理局设计、构建并运行了一套先进的智能收费系统，自动识别驶入斯德哥尔摩市中心的车辆，对车辆收取“道路堵塞税”，从而减少了车流，解决了交通拥挤，同时也减少了交通污染。美国麻省理工学院比特和原子研究中心首创了 Fab Lab（微观装配实验室）。2007 年，巴塞罗那创建了欧盟第一家 Fab Lab，到 2017 年，已经建成了四家 Fab Lab。随着“欧洲 2020 战略”和“欧洲数字化议程”的实施，总体来看，欧洲智慧城市的建设始终是将市民需求放在第一位，注重以人为本、市民参与、社会协同的开放创新，从而实现城市经济、社会、环境的协调、可持续发展。

## 二　中国智慧城市发展概况

"智慧城市"是 IBM 公司提出的"智慧地球"从概念到落地我国的重要组成部分，智慧城市对于我国全方位推进新型城镇化转型具有至关重要的意义。2014 年 3 月，IBM 公司在"中国智慧城市发展与合作论坛"上，首次联合 IDC 发布了智慧城市白皮书——《引领更具竞争力的智慧城市 3.0 时代——创新、和谐、中国梦》。在可预见的未来，我国将迎来智慧城市 3.0 的新时代。

我国智慧城市的发展相对来说起步较晚，但发展迅速。早在 2010 年，深圳和武汉两个城市就被科学技术部认定为"国家 863 智慧城市项目试点城市"。2012 年，住房和城乡建设部在北京召开了"国家智慧城市试点工作会议"，2013 年 1 月 29 日，召开国家智慧城市试点创建工作会议，发布包括北京市东城区、天津市津南新区、河北省石家庄市、山西省太原市、上海市浦东新区等在内的首批 90 个国家智慧城市试点（涉及北京市、天津市、河北省、山西省、上海市）名单，开启了我国智慧城市规模推广的建设阶段。同时，我国也在不断健全和完善智慧城市联盟的培育、发展和服务能力的提升机制。2011 年 5 月，在工业和信息化部和国家信息中心的指导下，成立了“中国智慧城市规划建设推进联盟”；2012 年 9 月，“国家智慧城市产业技术创新战略联盟”成立；2013 年 1 月，在工业和信息化部信息化推进司的指导下，由工信部计算机与微电子发展研究中心发起成立了“中国智慧城市发展促进工作联盟”；2013 年 10 月，“中国智慧城市产业联盟”成立。

2013 年 8 月，国务院印发了《关于国务院促进信息消费扩大内需的若干意见》（国发〔2013〕32 号），正式提出要在有条件的城市开展智慧城市试点示范建设。2014 年，中共中央、国务院联合印发了《国家新型城镇化规划（2014—2020 年）》，这是国家层面颁布实施的第一份城镇化规划，重点推进创新城市、智慧城市、低碳城镇试点建设，首次将智慧城市建设写入国家规划。同年 8 月，国家发展改革委、工业和信息化部、科技部等八部委联合印发了《关于促进智慧城市健康发展的指导意见》（发改高技〔2014〕1770 号），提出我国要以城市发展需求为导向，让智慧城市的建设回到健康发展的轨道上去，并明确目标是到 2020 年建成完成一批特色鲜明的智慧城市。[①]

① 国家发展改革委、工业和信息化部、科学技术部、公安部、财政部、国土资源部、住房和城乡建设部、交通运输部：《关于促进智慧城市健康发展的指导意见》（发改高技〔2014〕1770 号），2014 年 8 月 27 日，http：//www.ndrc.gov.cn/gzdt/201408/t20140829_624003.html，2017 年 8 月 18 日。

截至 2016 年年底，国家发改委、住建部、工信部、交通部、科技部与国标委、国家旅游局、国家测绘局等部门组织的智慧城市相关试点共有 597 个。各地区政府主管部门也高度重视智慧城市建设，大多数城市都在 2016 年和 2017 年政府工作报告或相应的“十三五”规划中明确提到了“智慧城市”。其中，深圳、昆明、宁波等城市与 IBM 公司签署战略合作协议，共同推进智慧城市建设；北京市政府于 2012 年印发了《智慧北京行动纲要》（京政发〔2012〕7 号），提出了八大行动计划，简称“4 + 4”行动计划；2014 年和 2016 年，上海市分别发布了《推进智慧城市建设行动计划（2014—2016）》和《上海市推进智慧城市建设“十三五”规划》，2016 年也是上海市在连续发布了 3 个信息化五年规划后，首次编制智慧城市建设五年规划；2015 年 4 月，浙江省政府继《关于务实推进智慧城市建设示范试点工作的指导意见》（浙政发〔2012〕41 号）之后，又发布了《浙江省智慧城市标准化建设五年行动计划（2015—2019 年）》，推进智慧城市标准化建设；2017 年 2 月，南京市政府印发了《“十三五”智慧南京发展规划》（宁政办发〔2017〕26 号），提出到 2020 年，成为中国智慧城市示范引领者。

2016 年，我国启动了新型智慧城市建设工作。2016 年 4 月 19 日，习近平总书记在网络安全和信息化工作座谈会上的讲话中指出："要以信息化推进国家治理体系和治理能力现代化，统筹发展电子政务，构建一体化在线服务平台，分级分类推进新型智慧城市建设，打通信息壁垒，构建全国信息资源共享体系，更好用信息化手段感知社会态势、畅通沟通渠道、辅助科学决策。"

2016 年 12 月 7 日，《"十三五"国家信息化规划》（国发〔2016〕73 号）明确提出新型智慧城市建设，到 2018 年，分级分类建设 100 个新型示范性智慧城市；到 2020 年，新型智慧城市建设取得显著成效，形成无处不在的惠民服务、透明高效的在线政府、融合创新的信息经济、精准精细的城市治理、安全可靠的运行体系。

按照国务院部署，国家发展改革委、中央网信办牵头，会同国家标准委、教育部、科技部、工业和信息化部等 25 个相关部门成立了新型智慧城市建设部际协调工作组，并明确了未来几年的主要任务。2016 年 11 月，国家发展改革委、中央网信办、国家标准委联合印发了《关于组织开展新型智慧城市评价工作务实推动新型智慧城市健康快速发展的通知》，正式启动了首次国家层面的新型智慧城市评价工作。

中国智慧城市建设经过近几年的推进，智慧政务、智慧医疗、智慧教育、智慧交通、智慧物流、智慧园区等重点领域方面的建设项目取得了一定的成效。

一是智慧政务。近年来，中国不断加快行政体制改革和政府职能转变步伐，大力推进智慧政务建设。2016 年 4 月，国务院办公厅转发了国家发展改革委等部门《推进“互联网 + 政务服务”开展信息惠民试点实施方案的通知》（国办发〔2016〕23 号），推进政务信息资源共享开放机制，实施信息惠民工程，打造智慧政府服务。9 月，国务院发布了《关于加快推进“互联网 + 政务服务”工作的指导意见》（国发〔2016〕55 号），要求各地区构建一体化网上政务服务平台，有效提升政务服务智慧化水平，让政府服务更加智慧，企业和公众办事更加方便快捷。另外，我国在政府网站建设、政务公开、政务信息资源共享、大数据监管等方面也不断从国家层面出台相应文件，明确建设任务，深化信息技术与政府管理深度融合，大力推行“智慧政务”建设。

二是智慧医疗。自 2009 年中国实行新医改以来，有关部门相继发布了《健康中国 2020 战略研究报告》《全国医疗卫生服务体系规划纲要（2015—2020 年）》等政策规划，持续推动医疗卫生服务模式和管理模式的转变，致力于解决中国医疗资源配置不均衡、医疗信息共享不畅通、医疗监督体制不健全等问题。随着智慧医疗建设的开展，全民电子健康系统工程、医疗一卡通、新型农村合作医疗平台建设、区域卫生信息平台建设、预约挂号系统等重点工程落地实施，并持续深化。根据《健康中国 2020 战略研究报告》提出的目标，到 2020 年，中国卫生总费用将占到总 GDP 的 6.5%—7%，智慧医疗建设将惠及全民。

三是智慧教育。中国是人口大国，同时也是教育大国。教育是一个国家发展的基石，中国也始终坚持把教育放在优先发展的战略地位。智慧教育是中国智慧城市建设的核心内容之一，也是中国教育体制改革和深化发展的新趋势。北京、上海、广州等城市相继出台了相应的战略规划。2012 年和 2016 年，国家教育部印发了《教育信息化十年发展规划（2011—2020 年）》（教技〔2012〕5 号）和《教育信息化“十三五”规划》（教技〔2016〕2 号），提出要构建网络化、数字化、个性化、终身化的教育体系，充分发挥信息技术对教育的革命性影响作用。

四是智慧交通。随着中国城市化的发展，城市机动车数量急剧增长，交通事故数量逐年上升，交通拥堵问题日益突出，汽车尾气排放造成的大气污染，严重阻碍了公众的日常出行，智慧交通的建设和发展是解决交通拥堵、事故频发等问题的根本路径和必然趋势。经过几年的发展，中国在公路交通信息化、城市交通管理和公交信息化等领域已经取得了一定的成效。

近年来，滴滴出行、Uber、共享单车等新型平台的推出，逐步改变了人们的出行方式，“智慧出行”成为社会关注的热点。根据滴滴出行2016年发布的《2016年智能出行大数据报告》显示，滴滴平台注册用户累计已经达到4亿人，覆盖超过400座城市。智慧出行在缓解城市交通压力的同时，也一定程度上为节能减排做出了贡献。

五是智慧物流。2015年，国务院印发了《中国制造2025》，指出我国已经成为世界制造业的大国，制造业的发展壮大一定程度上带动了中国现代物流业的发展。随着“互联网+”时代的到来，国家发展改革委于2016年印发了《“互联网+”高效物流实施意见》（发改经贸〔2016〕1647号），大力推进“互联网+”物流产业的发展，为中国发展智慧物流营造了良好的政策环境。随着物流大数据、物流云平台、智能仓储、智能机器人等新兴技术在物流行业的深化应用，中国现代物流业正在向智慧物流转变，进一步激发物流行业新动能，智慧物流将成为未来传统物流业发展的新方向。

六是智慧园区。智慧园区实际上是智慧城市的表现形态，是智慧城市的重要组成部分。其实质是从产业园区的角度，构建智能化的产业园区。中国智慧园区的建设已经初步表现出了集群化的分布特征，智慧园区数量日益增多，园区经济规划也在不断扩大，可以说，中国智慧园区的发展已经粗具规模。江苏省连云港市、福建省厦门市、广东省汕尾市、上海市临港地区等智慧园区的建设，初步实现了对建设模式的探索。中国产业园区已经进入智慧化发展的崭新时期。

建设智慧城市是一项长期的复杂工程过程，其本质在于信息化和工业化的高度融合，与美国、欧洲、日本、新加坡等发达国家相比，中国智慧城市建设尚处于起步阶段，经过近几年的发展，无论是从智慧城市数量，还是从智慧城市建设的进展来看，虽然取得了一定成效，在一些重点领域积累了较为丰富的经验，但普遍面临着一些亟待解决的问题。

一是顶层设计模糊，缺乏科学的统筹规划。智慧城市的建设离不开物联网、云计算、大数据等信息通信技术的发展，国家已经先后颁布了《国务院关于推进物联网有序健康发展的指导意见》（国发〔2013〕7号）、《国务院关于积极推进“互联网+”行动的指导意见》（国发〔2015〕40号）、《国务院关于印发促进大数据发展行动纲要的通知》（国发〔2015〕50号）、《云计算发展三年行动计划（2017—2019年）》等技术的发展规划和指导意见，同时也在国家相关的规划中体现智慧城市建设，一些地方城市也出台了针对智慧城市建设的规划。但一方面，多数规划只是提到了智慧城市的概念，并没有从根本上提出系统的智慧城市理论体系；另一方面，在国家层面，关于智慧城市建设路径和步骤的专项规划尚未出台，缺乏长期可持续性制度的保障。

二是智慧城市建设缺乏统一的标准体系。中国智慧城市的建设普遍存在着“重建设、轻标准”的现象，总体标准化程度较低，标准体系和关键标准的缺失极大制约了中国智慧城市的建设和发展。2013 年 7 月，中国电子技术标准化研究院发布了《中国智慧城市标准化白皮书》，阐述了由基础标准、支撑技术、建设管理、信息安全和应用标准五大类别标准构成的标准体系框架，并提出了包含《智慧城市术语》《智慧城市标准应用指南技术参考模型》《智慧城市评价模型及基础评价指标体系》等 26 项急需研制的标准。

三是智慧城市建设商业模式不明确。智慧城市的建设需要大量资金支持，涉及政府、企事业单位和公众等多元化的主体，传统的政府自建自营的建设模式已经不能够满足资金的需求，将市场机制、企业、融资机构融资等引入智慧城市已经成为必然趋势。国外政府智慧城市建设主要有五种商业模式，包括政府独立投资建设运营、政府投资委托民间资本建设运营、民间资本独立投资建设运营、BOT 模式以及政府和社会资本合作（PPP）模式。中国智慧城市的建设还需要根据现阶段建设现状和实际，合理选择商业模式，走中国特色的智慧城市建设之路。

四是“重建设、轻应用”现象严重。自“智慧城市”的概念被提出已经过去近10年了，智慧城市也已经完全从概念炒作走向了落地实施。中国智慧城市的建设也进入崭新的阶段，但仍然存在着“重建设、轻应用”的现象，大多数城市出台了建设规划，却极少关注智慧城市平台的运维和应用，从而使得智慧城市建设项目成为一种单纯的“高技术”象征工程。

2016年7月，由国家发展改革委指导，国家发展改革委和小城镇改革发展中心、智慧城市发展联盟主办的以“互联网+智慧城市”为主题的第二届中国智慧城市国际博览会，向社会各界展示了中国智慧城市建设的阶段性成果，促进国内外城市间的互动交流，推广中国智慧城市领域的科研成果和科技产品。从中国智慧城市发展实际来看，中国智慧城市的建设同样也要秉承新时期“创新、协调、绿色、开放、共享”五大发展理念：创新是智慧城市建设的核心，协调是智慧城市建设的内在要求，绿色是智慧城市建设的重要内涵，开放是智慧城市建设的固有属性，共享是智慧城市建设的最终目标。①

---

① 从晓男：《五大发展理念引领我国智慧城市建设》，《中国党政干部论坛》2016年第4期。

中国智慧城市的建设具有得天独厚的优势，未来更可谓是机遇难得、挑战空前。随着国家大众创业万众创新、“互联网 +”、大数据等战略规划的实施，城市的发展和管理发生了重大变革，智慧城市的建设也将向纵深方向发展。

## 三　潍坊智慧城市建设背景

山东是中国经济最发达的省份之一，中国经济实力最强的省份之一，也是发展较快的省份之一。在2016年的省级地区国民生产总值榜上，山东排名第四。2016年年末，山东常住总人口9946.64万人，位列全国第二，常住人口城镇化率达到59.02%。较高的经济发展水平和人口城镇化率是智慧城市得以扎根、发展的前提和保障。除此之外，山东的信息化水平一直领跑全国。早在2010年，山东省即印发《山东省物联网产业发展规划纲要（2011—2015）》，其物联网建设无论在时间上还是水平上均在全国处于领先地位，为落实信息化国家战略，以及后续的“智慧山东”建设，尽早打下了坚实的硬件基础。

2013年1月24日，山东省政府办公厅印发了《关于开展“智慧山东”试点工作的意见》，提出了“‘十二五’末，‘智慧山东’试点工作形成比较突出的示范效应”的基本目标，并确定了“试点先行”的工作方法，其中一项重点内容就是明确了潍坊市积极推进山东省首批“智慧城市”试点，探索建设、运营和服务模式。该《意见》规定重点围绕交通、能源、物流、工农业生产、金融、智能建筑、医疗、环保、市政管理、城市安全等重点行业的应用热点和难点找出突破口，加强信息资源共享，以保障和改善民生为重点，以智慧应用和服务为核心，充分发挥地方智慧型产业的优势，选择物联网应用基础较好的领域，分期分批建设应用示范工程和项目。由此，山东的智慧城市建设驶入快车道。截至2014年年底，全省两个副省级城市、90%的地级城市和45%的县级城市提出了建设智慧城市的规划目标。相关部门已累计批复县级以上试点示范53个，建设覆盖面涉及交通、市政、教育、应急等20多个领域。

2015年6月，《山东省“互联网+”发展意见》为“智慧山东”建设的进一步发展谋篇布局。“智慧城市”的概念界定更为清晰，目标定位是提升城市的智慧式管理和服务水平。该《意见》要求加强对民生、环保、公共安全、公共服务等需求的智能响应，重点建立涵盖资金、技术、管理的智慧城市产业发展服务平台，组建智慧城市产业发展联盟，建设智慧城市产业发展体验中心。积极试点推行PPP、BOT、BT

等运营方式，完善智慧城市产业发展融资机制。加快智慧城区、社区建设，推进城市智慧管网建设和智慧社区服务。

2015 年 8 月 1 日，山东省经信委出台《山东省智慧城市体系规范和建设指南（试行）》，从而使山东省智慧城市建设有了专门的指导性文件，以便更好地引导开展智慧城市建设工作，提高投资效益，保障建设质量。

潍坊市是山东半岛的区域性中心城市、环渤海重要港口城市，陆地面积 1.61 万平方公里，常住人口约 930 万人，是著名的世界风筝都、中国画都、中国食品谷、中国动力城和全国文明城市，2016 年地区生产总值超过 5522 亿元。潍坊信息基础设施完善，借助于山东半岛通信枢纽的区位优势，已经建成“城市—乡镇—农村—山区—偏远山区”五级覆盖的现代化的综合信息网络和广播电视体系，实现了村村通电话、宽带、光纤和广播电视，电话普及率、互联网用户数量全省第一。城区全部住宅楼已实现光缆到楼，乡镇全部村庄实现了光缆到村，基本建成了城乡一体化的高速宽带、智能化、全覆盖的宽带综合信息网络。

近年来潍坊市以创新发展理念为指引，以建设国家新型智慧城市示范城市为目标，坚持“以人为本、创新驱动”。“以人为本”解决了智慧潍坊做什么的问题。经过认真思考，潍坊智慧城市转型发展的理念是：城市首先是市民的城市，市民是城市的主人。智慧潍坊首先应满足城市主人的需求，充分尊重和突出市民的智慧城市主体地位，让市民充分体验到智慧城市带来的生活舒适和便捷，吸引市民真正融入和参与到智慧潍坊建设中来，形成良性社会氛围，进而在更高的维度上布局智慧城市建设。“创新驱动”四个字解决了智慧潍坊如何做的问题。智慧城市既是平台，也是入口，潍坊市通过创新表达对智慧城市的独特理解，以创新突出潍坊城市的特色和个性，以创新赋予智慧潍坊灵魂。

潍坊市先后承担了国家和省首批智慧城市试点任务、首批信息消费试点市、信息惠民试点市、智慧城市时空云试点市、电子政务公共平台示范地区、电子商务示范市以及两化融合试验区、无线城市试点市、测绘地理信息产业基地、物联网产业基地等试点任务，荣获了巴塞罗那世界智慧城市博览会2017智慧城市提名奖（全球共5个城市，国内唯一获奖城市）、中国智慧城市示范城市奖、中国领军智慧城市奖、中国智慧城市最具潜力城市奖、新型智慧城市规划设计奖、中国智慧城市惠民发展优秀城市、中国信息化50强城市、“互联网+公共服务”领先城市、中国智慧城市建设50强、中国信息化最受关注城市等荣誉，入选

2017年达沃斯世界经济论坛典型案例（国内唯一），并连续五届入选中国信息化50强城市，智慧潍坊建设取得了初步突破和惠民成效。如果说把PC互联时代的智慧城市建设称作智慧城市1.0，移动互联时代称作智慧城市2.0，那么今天，随着物联网春天的到来，潍坊市以实际行动探索建立智慧城市3.0的发展。物联网能够健全和丰富城市的神经网络，真正搭建起城市的全方位感知系统，从人与人、人与物、物与物互联的维度，重新定义智慧城市的内涵。或者说，借助云计算和大数据的双翼，物联网将带动智慧城市坐标的整体迁移，完成对智慧城市的重塑。在这一智慧城市发展的历史潮流中，潍坊勇敢地充当了先行者。

多年来，潍坊在智慧城市建设方面取得了一定的成绩，积累了丰富的经验，同时也对建设过程中发现的突出问题有着清醒的认识和总结。因此，以潍坊为样本考察山东乃至全国的智慧城市建设工作，极具代表性，能够较为客观地反映智慧城市的普遍发展水平，其经验和问题总结也可为其他建设中的智慧城市所借鉴。

# 第二章　潍坊智慧城市建设概况

潍坊市高度重视智慧城市建设工作，将建设智慧城市作为贯彻落实创新、协调、绿色、开放和共享新发展理念的具体行动。开展创建工作两年来，潍坊市委、市政府深刻把握“互联网+”、智能制造以及云计算、大数据、物联网、人工智能等发展趋势和时代脉搏，以创建国家新型智慧城市示范市为目标，遵循“接地气、惠民生”的基本思想，坚持“以人为本、创新驱动”的基本原则，立足解决市民的热点与难点需求，通过融合新一代信息技术手段，高起点谋划智慧潍坊建设，围绕城市精准治理和公共服务体系搭建智慧基础框架，探索建设独具潍坊特色的智慧城市。潍坊市以“潍V”手机APP为总抓手，启动智慧政务及教育、医疗、旅游、环保、交通等民生项目，促进消费升级和民生改善，优化城市精准治理，实现“互联网+”与民生领域的深度融合，让社会公众和企业能够切实感受到智慧城市建设带来的便利，提高市民幸福感和获得感。

## 一　重视体制机制，完善总体架构

### （一）创新智慧城市建设工作体制

为有效推进智慧城市国家试点城市建设，潍坊市在工作机制上完善智慧城市建设管理的顶层设计和管理机制，创新建立“一盘棋”智慧城市建设体制机制，形成统筹管理和一体化推进的工作方式，用制度机制创新实现相关利益格局的再调整，打破信息壁垒。2015 年 4 月，潍坊市在山东省率先成立了智慧城市建设办公室，负责统筹协调全市智慧城市建设工作，将智慧城市建设纳入全市统一顶层设计和城市总体发展规划。推行部门首席信息官 CIO 联席会议制度，根据全市信息化及智慧潍坊总体部署，负责本部门、本系统信息化工作规划、决策和管理等工作，参与全市信息化及智慧潍坊规划、工作计划编制及项目落实，形成工作协同、步调一致的全市一体化发展格局，有力推进智慧潍坊的“全景式”发展。

### （二）完善智慧城市建设管理机制

一是以标准规范保障一体化建设。通过制定发布区域内的智慧社区、景区、医院、养老、幼儿园、停车场、平安校车等一系列智慧应用标准规范，保障各智慧应用系统与智慧潍坊云服务平台的互联互通和数据共享共用，实现了区域内资源共享、业务协同和集成创新。二是以考核促进一体化建设。将智慧潍坊建设列为全市各级科学发展观的重要内容，由市智慧办制定考核指标及完成考核工作，推动了各级按照智慧潍坊总体规划实施各自建设任务。三是通过制定智慧潍坊建设方案，出台《智慧潍坊建设管理办法》和《智慧潍坊建设三年行动计划》等相关政策，从规划设计、项目建设管理、基础设施统筹、信息资源共享和开放利用、人才队伍建设、信息安全保障六个维度进一步规范全市信息化和智慧城市建设管理。

## 二　着眼整合共享，提高服务能力

### （一）构建先进、移动、泛在的“一张网”

1. 光网城市深化

围绕“宽带中国”战略，大力推进“光网城市”建设，加快“光纤到户”进程和骨干网优化升级，推进下一代移动互联网演进升级，深入推进光纤网络融合。截至2016年，全市电信企业实现电信业务总量86.7亿元。年末电话用户总数1067.8万户，普及率达

119.5部/百人。其中，固定电话用户96.6万户；移动电话用户971.2万户（包括3G用户78.5万户，4G用户445.5万户），移动电话普及率108.7部/百人。互联网用户达到718.1万户（包括无线上网用户531.1万户），互联网普及率达到80.3%；通信光缆总长度160.1万芯千米；互联网出口带宽2120G。光纤网络已覆盖城区所有居民小区，城市家庭20Mbps（兆比特每秒）及以上宽带接入能力覆盖率达到100%。4G基站超过14000多个，建成NB-IoT基站2600个。全市形成统一的高速宽带网络——“信息高速公路”，促进“宽带中国”战略的有效落地，助推智慧潍坊向更广领域、更深层次拓展。

2. 无线城市网提升

潍坊市依托城区骨干照明线路，通过EMC（合同能源管理）方式，以城区2万余盏路灯市场获取企业投入。在更换城区LED路灯的同时，布设和“超级Wi-Fi”设备一体化的LED路灯，设置提供Wi-Fi的“潍V”热点，依托与公安部门联建的无线城市网安全管控平台，为市民和商家融入“互联网+”提供统一标识、统一标准、统一管理、安全可靠的免费Wi-Fi上网服务。目前，已在市区主要道路开展建设，市民通过“潍V”热点享受到了沿街沿路重点场所的免费Wi-Fi冲浪。下一步将实现市区免费Wi-Fi全覆盖，建成国内首个基于城市照明系统的“超级 Wi-Fi”免费无线城市网。

3. 城市物联网建设

潍坊市与国内信息与通信行业领先企业合作成立了“潍坊物联网创新研发中心”。按照“一张网、一个平台、N 类应用”的总体设计，统筹推进基于 NB-IoT 标准的“物联潍坊”建设。依托潍坊统一的云计算中心和无线城市网等基础设施，构建统一的城市神经传感网络，搭建统一的物联网公共服务平台，先期在智慧停车、车联网、智慧市政、智慧环保、智慧环卫、智能抄表、智慧水务、智慧养老、智能楼宇、智慧物流、智慧农业、智能制造等领域开展项目建设，带动人与人、人与物、物与物等各领域的交互感知应用建设和产业发展。依托物联网创新研发中心，为物联网企业研发基于 NB-IoT 标准的产品和推进应用提供孵化和产品检测等服务，引进国内外物联网企业集聚潍坊市发展，建设物联网大厦及产业园区，努力打造全国首个窄带物联示范城市。

## （二）打造通用共享的智慧云服务平台

1. 城市云服务概况

一是城市云服务平台建设。潍坊市立足“互联网 +”，充分尊重市民的城市主体地位，从重构城市生活服务的全新角度，构建面向市民的一体化城市云服务平台，让公众通过手机等终端即可体验智慧城市便捷生活。二是加强政务云服务平台建设。潍坊市在2014年启动了政务云建设，完善政务信息资源共享平台，着力打破信息孤岛，为“互联网+政务服务”提供基础支撑。编制印发了《潍坊市政务信息资源共享交换平台使用管理规范》等10项管理制度，为各级、各部门政务信息资源共享交换提供了标准规范。2015年，基本建成市级政务云平台，提供虚拟服务器400多台、存储容量超过500TB，为各部门提供了集约高效的政务信息化服务，80%的县市区实现了信息化基础设施物理集中。三是企业云服务平台建设。潍坊市为全市中小微企业提供技术创新、融资担保、管理咨询与诊断等覆盖全业务流程、整个生命周期的全方位、“一站式”服务。

2. 城市云计算中心

潍坊市云计算中心旨在通过搭建统一的分布式云计算基础设施，促进智慧潍坊统筹、集约、绿色发展。潍坊市以银澎云计算中心机房为主体，整合市政务中心、部分县市区政务中心和通信运营商等现有机房设施，整合统一各分布资源，组建了潍坊市云计算中心（浪潮）建设管理公司，负责云计算中心项目建设和运营，这是国内首个城市云计算中心类的PPP模式探索。目前，首期建设面积达到2000平方米，形成300个机柜规模，已为60多个部门的260多个业务信息系统以及300多台托管设备提供了政务云服务支撑。正在按照“积极稳妥、先易后难”的原则，推进市直部门和部分县市区业务应用向云计算中心迁移，实现高效、安全和可持续发展。

3. 大数据交易中心

以争创山东省大数据交易中心为目标，潍坊市成立了大数据交易公司，积极推进大数据交易中心建设，完成了交易大厅、交易平台等硬件配套建设，通过编制《潍坊市大数据交易中心可行性研究报告》，明确了交易规则、交易品种、管理制度、监督保障制度等。利用已有的云计算中心和“物联潍坊”建设基础，搭建大数据公共服务平台，开展大数据应用重点工程，以大数据中心等项目为载体，在政务、商务、民生、产业发展等领域开展大数据整合、开发、运营以及政府数据开放和服务，吸引上下游相关企业到潍坊发展，建设大数据产业园区，培育壮大大数据产业，形成全市信息产业发展新的增长极。

4. “潍V”云服务平台

潍坊市以“接地气、惠民生”作为智慧潍坊建设的着力点，从市民关注的焦点、市民生活的痛点入手，通过搭建“潍V”云平台，整合全市医疗、健康、教育、交通、旅游、电商购物以及行政审批等本土化公共资源，融合社交、支付、购物、服务等“互联网+”元素，打造精准化的公共服务体系。市民通过“潍V”手机APP即可轻松体验到“吃、住、行、游、娱、购”的智慧便捷生活，让市民生活得更安心、更省心、更舒心，该APP自2014年9月份上线以来，全市已有100多万用户下载应用。目前，基于“潍V”云平台及手机APP，已建成200多个智慧社区，完成了200余家幼儿园、18处景区、5家养老院、6个停车场和8家医院的智慧化改造，全市1800辆校车全部安装了GPS和监控安全设施，实现城区6万多辆公共自行车以及县市区公共自行车的“潍V”扫码租用、全市数千项政务服务事项的手机端“一站式”办理等。

### （三）完善信息资源共享交换体系

潍坊市加快推进基础库和共享平台的建设，初步建立了企业基础信息和法人数据库，建设完成了全市统一、权威、通用的地理信息数据库。2015年市智慧办牵头成立了全市政务信息资源共享工作协调小组，完成了对人口、财税相关部门信息资源的调研和梳理，形成了信息资源目录，搭建了全市统一的信息资源共享交换平台。目前已开始了30多个部门间信息交换运行，设计开发了基于地理信息的人口和综合财税专题应用，为基于大数据的政务云平台建设提供了数据交换支撑。形成了十余个信息资源共享交换和目录梳理的标准规范，为智慧政务建设、政务大数据开放和惠民服务奠定基础。

## 三 立足以人为本，营造智慧生活

围绕惠民服务和城市精准治理目标，聚焦民生热点和难点问题，潍坊市深入推进智慧城市民生建设工作，优化民生服务流程，持续推进民生十大特色领域建设工作，逐渐形成了方便快捷、公平普惠、优质高效的公共服务信息体系，在十大领域推广智慧应用，不断提升市民满意度和幸福指数。

一是面向公众推出指尖上的智慧潍坊。潍坊市围绕着市民日常工作生活所需、所急，从重构城市生活服务的全新角度，在 2014 年建成了国内首个“潍 V”智慧城市手机 APP，为市民打造了动动手指即可获得服务的智慧城市平台。

二是“V 派”城市通行证促进市民生活品质持续提升。结合智慧城市建设，综合应用移动互联网、互联网金融、互联网实名认证等技术，以潍坊市实名认证和“云支付”两大创新平台的综合应用为支撑，创新打造了“V 派”城市通行证。以手机 APP 方式集成居民身份证、驾照、医保卡以及银行卡、公交卡、自行车卡、门禁卡、图书借阅卡、旅游一卡通等各类IC卡，实现市民事项办理、交通出行等的手机便利化应用以及购物、消费、充值、医保、水电气暖和行政事业性缴费等的移动支付，让市民畅享“一机在手、通行全城”的便利生活。据此，潍坊市发起“三无智慧生活联盟”，倡导“无卡、无证、无钱包”的智慧城市品质生活，创新品质城市建设内容。目前“V派”已有60多万活跃用户。

三是建设智慧社保综合服务平台，为居民提供“一站式”社会保障业务办理和服务，提升社会保障智慧化水平，推动社保信息服务向街道、社区和乡镇延伸。社保卡实现了健康卡、金融IC卡等多卡合一，集电子凭证、信息记录、就医结算、缴费和待遇领取、金融支付等多项功能于一体，制卡800余万张，市民持卡率达90%。

四是开展智慧医院建设，发展基于互联网的医疗卫生服务。通过“潍V”APP及其他方式，开展预约挂号、报告单查询、费用支付等服务。建立居民电子病历和健康档案查询系统，实现实名在线查询、慢性病跟踪服务、分级转诊等。建设医院业务管理平台，实现检查化验、医生诊断、医药费支付、药房取药信息共享等业务全流程信息化管理。逐步实现医生移动查房，完善智能陪护功能。2015年以来，多数二甲以上医院已完成智慧化初级改造，二级以上医疗机构100%建立了电子病历，已为全市约90%的常住居民建立了健康档案。

五是加强教育信息基础设施建设，深入探索“智慧教育”服务模式，打造智慧校园。建设智慧学习平台，促进优质教育资源向社会公平开放，在全省率先实现光纤接入“校校通”和多媒体教学“班班通”，为所有教师和学生开通网络学习空间，支撑开展了多种方式的多媒体教学。数字教育平台实现了市、县、镇学校的网络交流和资源共享，是全省覆盖面最广、注册人数最多的区域性教育平台。持续推进全市幼儿园的智慧化改造，搭建统一的校车视频管理平台。

六是智慧化养老服务平台在社区推广应用。实施“互联网+”养老服务工程，搭建全市统一的养老公共服务信息平台，为老年人提供日常生活照料、紧急救助、主动关怀、医疗保健等服务，打造“没有围墙”的养老院，显著提高了老年人生活幸福指数。

七是建设“潍坊就业网”“潍坊人才网”两大服务网站，开展“一站式”综合就业服务，通过网站开展政策宣传、求职招聘等公共就业人才服务。

八是建成全市社会图像信息资源共享平台，实现了视频资源的条块网络互联、资源共享、优势互补。

通过海量视频信息的全面整合、全市共享、动态分析，实现了人过留影、机过留号、车过留牌。

九是完善食品药品协同监管体制，通过深入推进全省食品药品安全“智慧监管”工程，完成食品日常监管系统和检验检测系统的搭建。在食品生产企业中推行以条形码、二维码、自编码和追溯卡为载体的电子信息追溯，实现 90% 以上药品企业进入国家食品药品监管局电子监管网。

十是建设社区公共服务综合信息平台。为使生活更便捷、更安全、更和谐，根据《潍坊市智慧社区建设示范标准》，推动各县市区开展智慧社区试点示范建设，促进社区服务智能化、个性化与平民化。实现社区一站式在线办理的公共服务事项全覆盖，建成涵盖居民信息、退休人员服务、低保救助、残疾救助、社区卫生等信息资源的数字化管理体系，实现数据资源的信息化管理。

## 四　基于“物联潍坊”，打造智慧城市 3.0

潍坊市出台了《加快建设“物联潍坊”实施方案》（潍政办字〔2017〕83 号），统筹推进基于 NB-IoT 标准的“物联潍坊”建设，全面开启了“智慧城市 3.0”实践探索。

一是网络覆盖范围位居全国前列。潍坊市各通信运营商按照物联潍坊实施方案，领先其他城市，积极争取上级集团公司建设资金等资源，建设潍坊市 NB-IoT 网络。目前，潍坊市建设了 2600 多个 NB-IoT 基站，基本建成“一张 NB-IoT 网络”，为全市开展物联网应用和产业发展夯实了基础。

二是已建成全国首个城市级物联网公共服务平台。物联潍坊公共服务平台是物联潍坊的核心，本着“立足潍坊、服务全省”的目标定位，为各类物联网应用提供设备链接、数据传输等公共服务，解决物联网应用碎片化问题，汇聚物联网数据，快速形成城市大数据。平台一期提供 10 万个链接接入能力，已为 3500 余个物联设备提供链接服务，为智慧河长、智慧路灯等项目提供支撑。

三是已开展物联网应用试点。在平台支撑下，启动了智慧河长、智慧泊车、智慧路灯、智慧农机等物联网应用试点项目，取得良好成效。昌乐县作为试点县市区，在十余个领域也开展了试点建设。其中，智慧河长项目已开始试运行，智慧路灯项目已在试点路段规模部署，智慧农机项目以及市级机关综合办公大楼、阳光大厦智慧泊车等典型应用项目正在建设，其他项目也同步在规划建设中。

四是建设了物联网创新研发中心。整合华为公司

OpenLab 开放实验室资源，为相关公司开展 NB-IoT 物联网应用的创新研发提供直达服务，为在潍坊市发展的国内外物联网公司节省研发成本、缩短开发周期，从而营造吸引外地企业来潍坊市落地发展的良好生态；承担国家级、省级物联网课题研究，推动“物联潍坊”标准上升为省级、国家级标准（以潍坊市应用为案例的《智慧城市设备联接管理公共服务平台技术要求》，已上报国家信标委审核，通过后将成为全国标准），帮助潍坊市企业申请国家及省的物联网产业发展政策等扶持；展示基于 NB-IoT 的物联网最新产品和方案，营造物联网创新发展氛围；结合创新创业，为落户潍坊市发展的公司提供孵化办公场所。

五是运营了物联网产业联盟。该联盟已聚合了 52 家国内外优秀 IT 公司。潍坊市与国内外 IT 企业就潍坊市开展的物联网应用进行了百余次洽谈，目前，多家企业已确定在潍坊市成立公司落地发展，并入驻潍坊物联网创新研发中心。

## 五　落实“互联网+”，发展智慧商务

### （一）创建互联网金融平台

潍坊市围绕互联网支付资金在潍坊区域内的闭环流动，着眼于区域内互联网支付资金收益，结合国家

和省互联网金融政策，创新开发了本土化的互联网支付平台——云支付平台，打造潍坊本土化的“支付宝”，实现了市内互联网支付资金区域内闭环流动和安全可控监管。目前，已成立了国有控股的潍坊市云支付科技有限公司，平台已在潍坊的社保医疗系统、交通系统、公共资源交易和各大商圈、电商平台等上线运行。依托该平台，市民通过手机即可实现购物、交通、充值等各种安全便捷支付，以及水电气等生活缴费和社保、教育等支付。

### （二）推进产业可持续发展

一是大力发展“智慧农业”，推进农业与互联网融合。通过实施“互联网＋农业”专项计划，实现农业生产过程的精准智能管理，提高劳动生产率和资源利用率。建设农业大数据平台，推动农业数据开放，集聚涉农信息资源。优化农机调度管理，实现农机精准定位、田间作业质量监控和跨区作业调度指挥。二是促进机械装备、汽车制造、石化盐化、纺织服装、食品加工、造纸包装等传统产业技术改造，以敏捷制造、柔性制造、云制造为核心，集成各类制造资源和能力，共享设计、生产、经营等信息。建设基于 CRM 的云制造平台，推动传统制造业向中高端迈进，实现“潍坊制造”向“潍坊智造”的转型发展。三是电子信息产业快速发展，增强数字经济产业基础。潍坊市电子信息产业形成了电声器件、虚拟现实、半导体照明、软件和信息服务业等产业重点，地理信息、3D打印、呼叫中心、文化创意、动漫等产业特色鲜明、发展迅速。全市电子信息产业主营业务收入居全省第五位，增幅居全省第二位。以歌尔为代表的虚拟现实产业形成规模，已申请专利百余项，产品占据了全球VR高中端产品70%的市场份额，产销量全球第一。正在依托“歌尔智慧城”，打造在国内外具有影响力的虚拟现实产业基地。四是推动互联网模式和业态创新。发挥潍坊创业大学、蓝色智谷等高端平台作用和“互联网+”集众智汇众力乘数效应，创造知识型创业就业岗位，发展众创、众包、众扶、众筹等新模式。实施高技术服务业创新工程，提高生产性服务业专业化、生活性服务业精细化水平。推动各企业“触网上云”，提高大数据在各垂直领域应用率和市场规模。发展信息消费，打造新的消费热点，挖掘信息化和网络消费潜力。目前，潍坊市正紧紧围绕国家大数据发展战略，构建以数据为关键要素的数字经济，推动物联网、大数据、人工智能等与实体经济深度融合。重点实施“智慧潍坊3.0”，打造以“物联潍坊”和“城市大脑”为核心的数字经济发展模式。

## 六 建设智慧政务，推进智能管理

潍坊市大力推进“互联网+政务服务”，充分利用基于新一代互联网技术，以政务服务平台为基础，以信息惠民为主要内容，将涉及政府对公民、法人、社会团体提供服务的政务事项进行整合，向社会提供透明服务、精准服务、高效服务和智能服务。目前，潍坊市已逐步形成了全市“一张实现市、县、镇及社区四级联网的电子政务网络，一个电子政务私有云平台，一个支撑政务信息化集约建设的数据中心、一张共享共用的时空云电子地图”的格局，电子政务云服务能力初步具备，市级部门主要业务信息化覆盖率达到82%。

### （一）勤政善政，建设智慧服务型政府

1. 深入推进政务信息系统整合共享

政务信息系统的集约化建设是智慧潍坊建设的一项重点工作。潍坊市按照国家、省有关要求，制定了《潍坊市政务信息系统整合共享工作实施方案》，扎实推进相关整合共享工作。按照“12345”目标任务要求，统筹全市电子政务云，完善电子政务内网和电子政务外网，建设数据资源体系、政务服务体系、业务

协同体系，落实保障措施，形成设施集约统一、资源有效共享、业务有机协同、工作有力推进的良好发展格局，满足政府治理和公共服务改革需要，最大限度地利企便民，让企业和群众少跑腿、好办事、不添堵。

2. 建立一体化审批大厅

依托统一的电子政务网，启动政务平台互联互通工作，建设了市、县两级统一的网上审批服务平台，全面实现行政审批服务事项网上咨询、表单下载、远程申报、在线受理和实时查询，让基层和群众享受到更为优质便捷的服务。新增网上办事大厅和网络自助服务终端等，实行手机短信评价，进一步增强了网上审批平台支撑能力。建立完善市、县、镇网上联动办理机制，将市、县两级部门的事项受理、办理、反馈、监督融为一体，梳理规范县市区初审上报、市级审核的各类事项 1036 项，实现网上办理事项信息、公众申请信息及业务办件等信息的实时交换和共享，解决了层级间“信息孤岛”现象和办事群众反复递交材料问题，推动了市、县、镇三级“网上联审联办”。

3. 创建“掌上政务厅”

依托“潍 V”网上政务厅，全面梳理编制政务服务事项目录，探索建立涉及多部门的政务服务事项协同办理机制，整合构建综合服务窗口，做好政务服务个性化精准推送，实现政务服务“一窗”受理、“一网”通办。目前，已将全市50多个部门及水、电、气等10个便民服务单位2000余项政务服务事项整合至“潍V”掌上政务厅，开辟了手机“一站式”行政审批办理新模式，以数据“多跑路”实现了群众“少跑腿”“零跑腿”。2015年掌上政务厅回复各类政务咨询、投诉和建议8000多条，群众满意度达到100%。目前，潍坊市正在按照国家、省要求，落实“零跑腿”政务服务试点工作任务。创新研发了实名认证技术和平台，实现了“互联网+身份认证”新突破，结合“V派”城市通行证，将政务服务全流程搬到移动互联网上，市民通过手机即可办理所需事项。潍坊市承担的国家教师资格认证、执业药师注册“零跑腿”等试点建设业已完成。

4. 网上实名认证难题得到破解

基于公安的户籍系统，潍坊市创新建设了“V派”城市通行证的电子身份认证功能，实现了与公安户籍系统的数据对接，通过读取“V派”手机二维码信息，即可实时显示居民的身份证照片及相关身份信息，解决了市民无证出行和网上办事实名认证难题，建立了统一身份认证体系，为实现“一号申请、一窗受理、一网通办”提供了有力保障。

5. 创建“潍V·单位群”

依托“潍V”手机APP，目前全市50多个部门已经全部加入了“潍 V · 单位群”，在确保信息安全的前提下，促进了部门之间实时沟通。依据工作属性和业务类别，各部门自主选择建立了“潍 V · 工作群”，就具体工作进行交流，提高了部门间业务协同效率。为发挥好两类群的作用，各部门均配备了“潍 V”专管员，负责两类群的建立、管理和维护。两类群自上线运行以来，有效提升了部门间和部门内部的沟通、协作效率。

6. 开展民意大数据分析

潍坊市以解决群众“记号难、办事难、投诉难、举报难”问题为目标，整合 12345 市长热线、12319 市政服务热线和其他热线号码资源，构建“统一受理、分类处置、定期评估、持续优化”的政务服务热线，形成了汇集社情民意的统一渠道。除了传统的电话方式外，群众通过登录“潍 V”，可以随时随地向热线反映问题和诉求，政府利用网络平台及时回应社会关切，畅通了市民网络诉求渠道。通过对民意大数据进行分析、综合研判和溯源问责，提炼、发掘公众需求，打造社情民意综合分析“数据大脑”，为政府科学决策和制定政策提供参考依据。2014 年全省社情民意调查结果，潍坊市的群众安全感列全省第一名。2015 年企业“双评”活动参评率 98.9%。12345 市长热线办结率和群众满意率都在 98% 以上。2016 年 12 月，潍坊市通过“潍 V”平台、微信公众号、报纸等媒体广泛发放了智慧潍坊建设满意度调查问卷，通过汇总分析，潍坊市民对智慧潍坊的满意度明显提高，达到 92% 以上。

## （二）精准治理，实现数字化科学管理

### 1. 建立数字化城市管理体系

运用物联网技术，实现了对供水、供气、供热、污水处理等城市公用产品的在线监测，建设了以 GPS 监控和市政设施视频监控为主要内容的市政工作状态管理系统、以城市网格化管理为主要内容的市容秩序管理系统和相配套的城市管理质量考核评价系统，形成了数字环卫、数字园林、数字执法、数字设施、数字照明、数字养护、数字节水、数字防汛八大行业模块构成的数字化城市管理新框架以及集便民服务、城市管理、政府治理、执法监督和应急指挥于一体的数字化城市运行指挥中心。系统运行以来，年办理城市管理案件约 50 万件，案件办结率 99.2%，市民满意率达 99.9%。

### 2. 视频监控全覆盖和共享开放

潍坊市建设了全市社会图像信息资源共享平台，实现全市视频监控资源的整合与共享，提升了公安业务应用和实战能力。建立了视频图像信息数据库，统

一调用 PGIS 地图服务，通过大数据分析研判，提升了视频图像信息在反恐维稳、指挥处置、治安防控、侦查破案、安全管理、服务民生、执法监督、内部管理和部门共享等方面的综合应用能力。目前已联网全市公安、交警、高速公路等一类目标监控超过 2 万路，基本覆盖了全市社会图像信息相关监控目标。

3. 构建智慧潍坊服务体系

一是发展智慧文化，加快图书馆、博物馆等文化资源的数字化，建设具有潍坊特色的公共文化资源共建共享数据库，为广大群众提供“一站式”的公共数字文化服务。二是推动智慧交通发展，实现了道路交通状况实时查看和交通诱导，以及手机在线查询公交车次、运行状态等，实现了手机查询公共自行车站点信息、扫码免费骑乘和最短路径导航。三是建设智慧环保，构建环境信息通用数据库，建设环境风险及预警信息平台，通过“潍 V”平台等载体，向社会公众提供环境预警和应急响应等信息服务。四是推进智慧旅游项目实施，建设智慧景区，形成智慧旅游服务平台和营销体系，实现电子门票、自助导览、自助讲解、网上虚拟景区、周边设施查询等功能，为游客提供旅游“一站式”服务。

4. 共建共用时空信息云平台

潍坊市不断完善矢量数据、影像数据、三维数据、

2.5维数据、全景数据、街景点云数据和地名地址数据在内的基础空间数据，并从时间维度上充实历史和现时数据，建立了标准统一、内容丰富的地理信息数据库。依托时空信息云平台，为城市管理、规划管理、国土资源管理、智慧城市、社保、农业、教育、旅游、水利、物流等38个部门的80多个业务系统提供了地理信息共享引用服务。“天地图·潍坊”为公众提供便捷、精准的位置服务，点击率超800万人次。

# 第三章　潍坊智慧城市建设经验

智慧潍坊建设的重中之重是立足以人为本，营造普惠化的智慧生活。首先考虑的是聚焦民生热点和难点问题，充分尊重公众的主体地位和真实意愿，提高公众、企业参与智慧潍坊建设热情，以建设成果普惠全体公众为原则。因此智慧潍坊建设的核心战略是深入实施信息惠民工程，推进与公众生活密切相关的公共服务信息化，基本实现基于互联网的教育、医疗、社保、养老、交通、旅游、文化等新兴服务全覆盖。充分调动各方资源，整合服务内容，拓展服务渠道，创新服务模式，构建政府、企业、社会组织三位一体公共服务体系。

## 一　加强顶层设计，确保有序发展

当前，潍坊市正处在转型发展的关键历史当口，面临稳增长、调结构、防风险、惠民生等多重挑战。潍坊深刻把握“互联网＋”、智能制造以及云计算、大数据、物联网等发展趋势和时代脉搏，创新一体化工作体制机制，创新智慧城市建设和投融资模式，改变以往技术导向、项目驱动的信息化建设模式。有效整合孤立、分散的公共服务资源，强化多部门联合监管和协同服务，鼓励市场参与，创新服务模式，拓宽服务渠道，更加注重建设效能，构建方便快捷、公平普惠、优质高效的公共服务信息体系。①

提升城市便民惠民水平，优化城市精准治理，提高居民幸福感和获得感，让社会公众和企业能够切实感受到智慧城市建设带来的便利，务实推动新型智慧城市健康有序发展。

潍坊市积极践行新型智慧城市建设要求，以“接地气、惠民生”为主旨，注重以人为本，突出市民主体地位，立足解决市民的热点与难点需求，融合最新信息技术手段，高起点谋划智慧城市建设，围绕城市精准治理和公共服务体系构建两大核心任务，努力探索智慧城市的创新发展。

---

① 国家发展改革委等十二部委：《关于加快实施信息惠民工程有关工作的通知》（发改高技〔2014〕46 号），2014 年 1 月 9 日，http://www.ndrc.gov.cn/zcfb/zcfbtz/201401/t20140113_575467.html，2017 年 8 月 18 日。

### （一）探索体制创新，实施建设新机制

1. 建立起上下一体的管理体制

2015 年 4 月，潍坊市、县两级在山东省内率先成立了智慧城市建设办公室，负责统筹协调全市智慧城市建设工作。将智慧城市建设纳入全市统一顶层设计和城市总体发展规划，通过推行部门首席信息官 CIO 联席会议制度，CIO 由部门班子成员担任，根据全市信息化及智慧潍坊总体部署，负责本部门、本系统信息化工作规划、决策和管理等工作；参与全市信息化及智慧潍坊规划、工作计划编制及项目落实。形成工作协同、步调一致的全市“一盘棋”推进和一体化战略引领，有力推进智慧潍坊的“全景式”发展。

2. 以标准规范保障一体化建设

健全智慧潍坊标准体系。按照新型智慧城市建设的新要求，结合潍坊实践，不断完善“智慧潍坊”顶层设计，不断调整优化智慧潍坊各领域示范建设标准，制定新型智慧潍坊建设管理办法，狠抓落实，以考核确保项目建设规范统一，实现各项目汇集数据的共享集成和整合利用，为智慧城市更高层次发展奠定基础。制定发布了区域内的智慧社区、校区、医院、养老院、景区、停车场等一系列智慧应用标准规范，打破了信息孤岛，保障了各智慧应用系统与智慧潍坊云服务平

台的互联互通和数据共享共用，实现了区域内资源共享、业务协同和集成创新。

3. 以考核促进一体化建设

潍坊市将智慧潍坊建设列为全市各级科学发展观的重要内容，由市智慧办制定考核指标、负责考核，有效推动了各级按照智慧潍坊总体规划实施各自建设任务。智慧潍坊建设办公室分别制定和发布了“智慧潍坊建设”考核指标标准和活力城市考核“智慧潍坊活力指数”指标体系，包括智慧政务、智慧民生、智慧潍坊基础设施等定量指标和政务信息资源共享的减分项指标。

4. 以制度规范智慧城市建设

先后出台了《潍坊市信息惠民国家示范城市创建工作方案》、《潍坊市人民政府办公室关于印发潍坊市信息化发展规划纲要的通知》（潍政办字〔2014〕71号）、《潍坊市信息惠民国家试点城市建设工作方案要点》等文件。协调小组制定出台的信息惠民相关文件均报市政府办公室通过，以市政府办公室的名义，先后下发了《潍坊市人民政府办公室关于成立潍坊市无线通信基础设施建设工作领导小组的通知》（潍政办字〔2015〕135号）、《潍坊市人民政府办公室关于成立潍坊市云计算中心筹建小组的通知》（潍政办字〔2015〕105号）、《潍坊市人民政府办公室关于印发潍坊市信息化促进办法的通知》（潍政办发〔2009〕13号）、《潍坊市人民政府办公室关于加强无线通信基站规划建设工作的通知》（潍政办字〔2015〕23号）、《潍坊市人民政府办公室关于进一步加强市级信息工程建设管理的通知》（潍政办字〔2011〕29号）、《潍坊市人民政府办公室关于印发进一步推进网上审批工作实施方案的通知》（潍政办字〔2013〕92号）、《潍坊市人民政府办公室关于印发潍坊市市民卡工程实施方案的通知》（潍政办字〔2012〕133号）等18个文件，保障潍坊市智慧城市建设工作顺利开展。目前，正在推动出台《智慧潍坊建设管理办法》和《智慧潍坊建设三年行动计划》，以智慧城市统领全市信息化建设，从规划设计、项目建设管理、基础设施统筹、信息资源共享和开放利用、人才队伍建设、信息安全保障六个维度，进一步规范全市信息化和智慧城市建设管理。

### （二）着眼项目管理，探索建设新路径

潍坊市积极探索PPP等市场化运作模式，形成政府、国企、民企多渠道投融资机制，推出12项信息惠民重点工程，通过财政资金引导鼓励社会资本投入。鼓励第三方公共云计算数据中心建设，通过与通信运营商、IT企业签订战略合作协议，引进建设资金，加快信息基础设施建设和信息惠民应用的运营。

潍坊市云计算中心作为国内首个城市云计算中心的类 PPP 模式探索，按照“政府主导、市场化建设和运营”的模式，实行政府购买服务和市场化运营相结合。潍坊市云计算中心旨在通过搭建政务云、民生云和工业云、农业云、商务云等统一的分布式云计算基础设施，促进智慧潍坊统筹、集约、绿色发展。按照“政府主导、市场化建设和运营”的模式，由潍坊市国有资本与国内知名 IT 公司合作，按照现代企业制度组建了潍坊市云计算中心（浪潮）建设管理公司，负责云计算中心项目建设和运营，这是国内首个城市云计算中心的类 PPP 模式探索。同时，借助合作伙伴上下游产业链和相关产业联盟资源优势，吸引云计算、大数据、物联网、“互联网 + 汽车”、软件外包、信息消费等智慧城市领域相关企业来潍坊聚集发展，培育智慧产业集群。

创新建设免费无线城市网。潍坊市依托城区骨干照明线路，通过合同能源管理方式，以城区 2 万余盏路灯市场获取企业投入。结合城市路灯改造，布设“V 热点”，为市民和商家提供统一标识、统一标准、统一管理、安全可靠的免费 Wi-Fi 上网服务，建成国内首个基于城市照明系统的“超级 Wi-Fi”免费无线城市网。

### （三）紧扣时代脉搏，发展建设新理念

潍坊市积极响应《山东省人民政府关于促进大数据发展的意见》和《促进大数据发展行动纲要》（国发〔2015〕50号）要求，将大数据战略与“智慧潍坊”建设紧密结合，密切跟踪云计算、大数据、物联网等新一代信息技术发展趋势，全新打造智慧城市新项目应用。

2014年9月，率先利用移动互联思维，借助移动互联思维，以信息惠民、便民和打造宜居宜业的智慧城市典范为目标，开发建设了国内首个“潍V”智慧城市手机APP，为市民打造了指尖上的智慧城市。立足“互联网+”，充分尊重市民的城市主体地位，从重构城市生活服务的全新角度，构建面向市民的一体化在线公共服务体系。目前已为全市100多万市民提供9000多万人次的便民服务。

其中，“健康宝”为市民提供医疗机构预约挂号、医保支付、电子病历、远程坐诊等服务；“掌中宝”为家长提供城区幼儿园和校车实时视频；“爱旅游”为市民提供景点查询、智能导游、电子门票等服务；“网上政务厅”连通市、县两级政务服务中心，实现2000余项政务服务事项的手机端“一站式”办理；“骑行”实现了城区公共自行车手机扫码骑乘，自上

线以来提供近千万人次骑乘服务，减少碳排放约 2190 吨；“查询”为市民提供了公积金、交通出行、车辆违章及高考成绩等信息查询功能。

2015 年，为落实国家“互联网 +”行动计划，成立了潍坊市云支付公司，打造了国内首个区域性的互联网金融服务平台，潍坊各大商场超市、酒店、加油站等都可以使用，并将在未来覆盖全市 4 万余家商场超市。

2016 年，制定《潍坊市“互联网 + 文化产业”实施方案》，旨在 2018 年形成一批国内有影响力的“互联网 +”重点文化企业、文化产业项目和园区，以“互联网 +”为主要形式的文化信息传输服务业占文化产业增加值的 30% 以上，目前推进效果明显；2016 年 11 月，潍坊举行智慧城市物联网产业联盟峰会，与国内信息与通信行业领先企业联手打造全国首家窄带物联示范城市；率先响应 NB-IoT 新一代物联网技术标准，打造中国首个基于 NB-IoT 新一代标准的“物联潍坊”，建设国内物联网样板城市；成立了山东省首个大数据运营公司，并启动了山东省大数据交易中心建设。

### （四）勇于理论创新，探索建设新模式

2016 深圳高交会智慧城市主题论坛会议上首次提出以云计算、物联网和大数据为支撑，以“以人为本，

创新驱动”为战略引领的“智慧城市 3.0”概念，引起了与会专家、业内人士的关注和共鸣。

为贯彻《国务院关于积极推进“互联网 +”行动的指导意见》（国发〔2015〕40 号）精神，加快推动互联网与潍坊智慧城市经济社会的深度融合和创新发展，培育互联网经济新的增长点，推动经济发展提质增效，打造新常态下潍坊发展新优势，严格落实《山东省“互联网 +”行动计划（2016—2018 年)》，智慧潍坊建设从政府宏观视野的角度，从市民切身体验的维度，积极探索出了可持续发展、可复制推广的新理念和新模式，为其他城市的智慧城市发展提供了样板。

截至 2016 年年底，“潍 V”APP 已通过合作伙伴的努力，在云南大理、贵州贞丰、河北馆陶、内蒙古鄂尔多斯、山东枣庄等十余个城市实现（启动）了本土化落地；创新实施的免费无线城市网解决方案，在 2016 年巴塞罗那智慧城市大展上大放光彩，吸引了马来西亚、卡塔尔、西班牙等国家的广泛关注。

### （五）加持互联互通，健全建设新规范

潍坊市严格落实《潍坊市信息化发展规划纲要》《智慧潍坊建设工作方案》《山东省政务信息系统整合共享实施方案》有关要求，坚持信息共享、互联互通

原则，突破区域、部门、行业界限，充分利用电子政务设施，整合政务信息资源和城市公共信息资源，推进跨部门、跨领域的信息化协同，提高城市整体运行效率和管理服务水平，提升全社会信息资源利用水平。

积极贯彻《政务信息资源共享管理暂行办法》（国发〔2016〕51号）、《山东省政务信息资源共享管理办法》（鲁政办发〔2015〕6号）和《山东省人民政府办公厅关于加快我省电子政务集约化发展的实施意见》（鲁政办发〔2015〕7号）要求，推动建立完善政务信息资源目录分类、采集、共享交换、平台对接、网络安全保障等方面的标准，制定了《潍坊市政务信息资源共享管理办法》以及包括《潍坊市政务信息资源共享交换平台使用管理规范》《潍坊市政务信息资源共享交换平台运维安全管理规范》《潍坊市政务信息资源共享交换平台咨询服务规范》《潍坊市电子政务数字证书使用管理规范》《潍坊市政务信息资源共享交换平台对接指南》《潍坊市政务信息资源共享交换平台交换节点使用指南》《潍坊市政务信息资源共享交换平台接入要求》等在内的十余个信息资源共享交换和目录梳理的标准规范，为智慧政务建设、政务大数据开放和惠民服务奠定基础。

### （六）优化审批管理，完善建设新制度

为进一步提高行政服务效能，加快推进服务型政

府建设，潍坊市认真贯彻落实《中共中央办公厅、国务院办公厅关于深化政务公开加强政务服务的意见》（中办发〔2011〕22号）、《省委办公厅、省政府办公厅印发〈关于深化政务公开加强政务服务的实施意见〉的通知》（鲁办发〔2012〕18号）、《山东省人民政府办公厅转发省行政审批制度改革工作联席会议办公室〈关于进一步深入推进我省行政审批制度改革的意见〉的通知》（鲁政办发〔2012〕20号）精神和有关要求，就进一步深化行政审批制度改革，在行政审批及管理流程优化政策与制度创新上做了大量的工作，为推进落实"互联网+政务服务"重点任务扫清了第一层障碍。

精简行政审批事项。下发《潍坊市人民政府办公室关于加强行政审批事中事后监管的实施意见》《潍坊市人民政府关于调整规范市级行政审批事项目录有关事宜的通知》《潍坊市人民政府办公室关于成立潍坊市行政审批制度改革工作领导小组的通知》《潍坊市人民政府关于精简下放部分行政审批事项和承接省政府2014年第二批下放事项的通知》，全面下放市级审批权，减少审批层级，缩短审批链，建立扁平化、一体化的新型审批制度。

创新行政审批运行机制。建立完善集行政审批、政务公开、便民服务、效能监督等功能于一体的网上审批服务大厅，将市、县两级部门的事项受理、办理、反馈、监督融为一体，梳理规范县市区初审上报、市级审核的各类事项 1036 项，打造“全市一张网”，实现网上办理事项信息、公众申请信息及业务办件等信息的实时交换和共享，解决了层级间“信息孤岛”现象和办事群众反复递交材料问题，推动了市、县、镇三级“网上联审联办”。

全面推行行政服务标准化建设。以政务服务中心为载体，以进驻窗口为依托，全面推行行政服务标准化建设，积极引进标准化管理理念，建立以规范服务为核心、提升效能为重点、监督制约为保障的行政服务标准化体系，使服务质量目标化、服务手段规范化、服务过程程序化，构建完善的标准化服务平台。

### （七）争取上下联动，统筹建设新政策

统筹推动全省智慧城市建设工作。自《关于同意深圳市等 80 个城市建设信息惠民国家试点城市的通知》发布以来，山东省委、省政府大力推进智慧城市和信息惠民试点建设工作。省信息惠民工程推进牵头部门省发改委，先后多次召集相关省直部门进行座谈讨论，就省统筹推进、数据共享、试点市支持等工作进行协调。尤其是国务院办公厅转发国家发展改革委等部门的《推进“互联网 + 政务服务”开展信息惠民

试点实施方案的通知》（国办发〔2016〕23号）下发后，山东省委、省政府进一步统筹部署智慧城市建设工作，推动试点城市加大力度落实，潍坊市积极响应，迅速出台了《潍坊市推进“互联网+政务服务”开展信息惠民工作实施方案》，加快推进“互联网+政务服务”各项工作落实。

组织专题研讨培训。省发改委等省级部门结合各自领域信息惠民和“互联网+政务服务”工作的任务分工，推进组织开展了多项信息化专题技术培训。

制定信息共享政策制度。为整合多部门资源，提高共享能力，促进互联互通，有效提高公共服务水平，山东省出台了《山东省政务信息资源共享管理办法》《山东省人民政府办公厅关于加快我省电子政务集约化发展的实施意见》《山东省省级政务服务平台总体技术方案》《山东省政务服务平台建设指南》《山东省人民政府办公厅关于做好全省政务服务平台互联互通试运行有关工作的通知》等一系列政策文件，为各地市做好政务信息资源共享和政务服务平台建设工作提供了指导。

## 二　优化运行机制，保障协同配合

### （一）完善领导机制，统筹工作推进

智慧潍坊建设是“一把手”工程，以“统一规

划、统一网络、统一平台、统一标准和分级实施”为原则。完善的领导机制有效地防止了各县区、行业和部门信息化建设的各自为政、重复混乱问题的出现，是智慧潍坊建设坚强的组织保障。潍坊市出台的政策文件多次强调，各级各部门主要负责同志要高度重视，严格执行智慧潍坊建设总体规划，亲自部署，落实责任，密切配合，基于全市统一的云计算中心和共享交换体系建设各自的业务应用系统和业务数据库，同时按时保质完成市里统一安排的建设任务。

1. 明确领导负责机制

第一，创建智慧潍坊建设工作领导小组。

2012 年 10 月，为切实加强对智慧潍坊建设工作的组织领导和统筹协调，扎实推进智慧城市建设，经潍坊市政府研究确定，成立智慧潍坊建设工作领导小组。该领导小组由市委副书记兼市长出任组长，成员包括市级领导班子主要领导和各市属各局、人民银行潍坊市中心支行、法制办、发改委等部门的主要领导。这为智慧潍坊建设的启动和初期顺利推进打下了坚实的基础。

第二，创建智慧城市建设办公室和信息惠民示范城市工作协调小组。

2014 年申报信息惠民国家试点城市时，潍坊市成立了以市长为组长，2 名常委副市长、1 名政协副主席任副组长，各相关政府职能部门主要负责人为成员的潍坊市创建信息惠民示范城市工作协调小组。在获批成为首批国家信息惠民试点城市之后，市政府主要领导亲自组织研究、协调解决信息惠民工作中的重大实际问题；分管副市长具体靠上抓，统筹推进信息惠民城市试点工作；32 个市直单位以及部分企事业单位主要领导为协调小组成员，将创建工作任务责任分解到相关部门，形成了信息惠民协调小组统筹协调，部门合力推进的工作局面。

2015 年 4 月，潍坊在山东省内率先成立了智慧城市建设办公室，负责统筹协调全市智慧城市建设工作。规格为正县（处）级事业单位，编制 39 人。潍坊市将智慧城市建设纳入全市顶层设计和城市总体发展规划，注重规划对接、政策协同、步调一致，形成智慧城市建设全市“一盘棋”推进和一体化战略引领，力求智慧潍坊的“全景式”发展。先后出台了智慧潍坊工作方案，制定发布了智慧社区、校区、景区、医院等一系列智慧潍坊项目建设规范标准、评价考核体系。12 个县市区智慧办均设立到位，在市智慧办统一规划下同步开展建设，通过统筹规划、示范带动与科学考核相结合，实现了全市内优势资源共享、业务协同、运转高效、集成创新。市直各部门信息化建设项目必须经市智慧办统一审核后方可建设，有效避免了重复建设，提高了财政资金利用率，推动了各部门信息化项目的统一规划、集约建设。另外，在市级推行部门信息主管 CIO 制度，全市已有 60 余人被认定为 CIO。当前潍坊市形成了政府主导、各部门协调联动、市民和企业积极参与的全市“一盘棋”格局。

第三，设立工作协调小组。

自 2014 年创建工作开展两年以来，围绕机制建设、资源整合、任务落实、协调推进等核心问题协调小组主持或出席信息惠民有关工作会议 15 次，进行现场调研 8 次，召开跨部门协商决策会议 6 次，解决了大量惠民工作推进中的实际问题。协调小组讨论通过了《潍坊市信息惠民国家示范城市创建工作方案》等文件，其制定出台的信息惠民相关文件均报市政府办公室通过，以市政府办公室的名义先后下发了《潍坊市人民政府办公室关于成立潍坊市无线通信基础设施建设工作领导小组的通知》（潍政办字〔2015〕135 号）等 18 个文件。在协调小组的有力推动下，潍坊市各领域信息惠民工作顺利开展。

2016 年 4 月 26 日，《国务院办公厅关于转发国家发展改革委等部门推进“互联网 + 政务服务”信息惠民试点实施方案的通知》（国办发〔2016〕23 号）文件下发后，市委、市政府高度重视，市信息惠民协调小组专门召开会议，传达落实文件精神，对潍坊市推进“互联网+政务服务”工作进行具体安排部署，要求尽快制定潍坊市推进“互联网+政务服务”信息惠民工作实施方案，明确责任分工，推动各项工作全面开展。同时，根据山东省政府关于建设政务服务平台、拓展“互联网+政务服务”的要求，潍坊市成立了以市委常委、常务副市长为组长，市直相关部门负责人为成员的政务服务平台建设工作协调小组，统筹协调全市的政务服务平台建设工作。

2. 完善工作推进机制

针对长期以来各县区、行业和部门信息化建设的各自为政、重复混乱的问题，潍坊市积极完善工作推进机制，在分工与配合之间较好地实现了平衡。

第一，设立专门领导机构，分工体系严明。

市、县两级政府都成立了智慧城市建设办公室，形成了上下一致、协同推进的一体化工作机制。各县市区政府、市属开发区管委会在市委、市政府统一领导下，结合本地实际情况建立相应的工作机制，积极推进区域内信息惠民发展。市、县两级政府及政府组成部门建立起多主体、多层次、分工协作的组织保障体系。以政府为主体，积极引导企业、第三方机构等社会力量开展专业化、多元化、个性化的服务，鼓励和支持各类市场主体共同培育信息惠民的可持续发展模式，形成优势互补、多元参与、开放竞争的发展格局。

明确市发改委、经信、财政、商务、人社、民政、卫生计生、教育、食品药品监管、农业、公安、质监等职能部门在智慧城市重点工程和项目推进、重点行业和企业扶持等方面的目标、任务和责任，对于重点部门建立目标考核机制，各部门结合各自职责分工和工作特点，制订详细计划，令顶层设计落地，形成整体推进智慧城市建设工作的合力。

明确的责任分工使得各部门各司其职，各项工作皆有责任部门，相关工作进行的有条不紊。例如，为贯彻落实《国务院关于印发政务信息资源共享管理暂行办法的通知》（国发〔2016〕51 号）、《国务院办公厅关于转发国家发展改革委等部门推进“互联网 + 政务服务”开展信息惠民试点实施方案的通知》（国办发〔2016〕23 号）、《山东省人民政府办公厅关于印发山东省政府信息资源共享管理办法的通知》（鲁政办发〔2015〕6 号）等文件精神和要求，进一步加快推进政务信息资源共享，潍坊市成立了潍坊市政务信息资源共享工作协调小组和工作小组，贯彻落实国家、省关于信息资源共享工作的部署，协调推进政务信息资源共享交换体系以及相关专题应用建设，研究解决工作推进中的相关重要问题。市政务信息资源共享工作小组，在市政务信息资源共享工作协调小组领导下，定期召开工作推进例会，负责具体推进政务信息资源目录梳理编目、共享交换平台建设、基于地理信息系统的人口和财税等专题建设工作等。

第二，建立联席会议制度，各级多部门联动。

《关于开展“智慧山东”试点工作的意见》规定，建立由相关部门参加的“智慧山东”试点工作协调机制，日常工作由山东省经济和信息化委员会负责，组织协调和推进试点工作的实施，研究解决试点工作的重大问题。建立省与试点城市、重大项目的日常沟通协调机制，及时解决产业发展、项目建设、应用推广中的问题。加强部省合作，建立省与工业和信息化部、国家发展改革委、科技部等部委的合作机制，争取国家重大专项支持。

潍坊市建立首席信息主管（CIO）制度，统筹各部门信息化项目建设，各部门设立首席信息官主抓本单位信息化项目，各级智慧城市主管部门建立定期培训 CIO 机制。CIO 全权负责本部门、本系统信息化工作规划、决策和管理等工作，参与全市信息化建设决策。推行首席信息官联席会议制度，作为常态化组织协调机制，定期召开联席会议，对涉及多部门、多领域的重要事项、重大项目实行跨部门协商决策机制和多部门联合推动，统筹全市信息化建设。围绕公共信息资源开发利用，开展智慧政务、智慧民生（教育、医疗、社保、养老、交通、旅游等）、智慧园区等方面的标准规范落实和制定工作，推进新技术、应用、管理规范的建立和实施。

为进一步推进落实信息惠民和“互联网 + 政务服务”各项工作，加快推动政务信息资源共享，潍坊市建立了信息惠民发展工作联席会议制度，先后召开多次联席会议，及时传达了《国务院关于印发促进大数据发展行动纲要的通知》（国发〔2015〕50 号）、《国务院办公厅关于转发国家发展改革委等部门推进“互联网 + 政务服务”开展信息惠民试点实施方案的通知》（国办发〔2016〕23 号）、《国务院关于印发政务信息资源共享管理暂行办法的通知》（国发〔2016〕51 号）、《国务院关于加快推进“互联网 + 政务服务”工作的指导意见》（国发〔2016〕55 号）等一系列国家、省关于推进落实大数据、信息惠民、“互联网 + 政务服务”、政务信息资源共享工作的政策文件，听取各部门关于推进落实相关工作的进展情况汇报，并对有关工作进行具体安排部署。

### （二）确保政策落地，实现长效运行

智慧城市建设是一项涉及面广、持续时间长、投入巨大的系统工程，其产出需要经过一定的时间和过程才能显现。为了智慧城市建设达到理想效果，避免

工程“烂尾”，需要建立长效运行机制。

1. 听取专家意见，科学制定政策

潍坊市结合智慧潍坊建设、信息惠民、“互联网+政务服务”工作，在全国范围内选聘信息技术、产业、法律、管理等有关领域的专家。对出台的相关政策及时发布专家解读，帮助公众理解、扩大公众参与、打消公众疑虑，实现信息共享与惠民；对于建设过程中的规划制定预先开展专家咨询，从根本上保障出台规划符合专业性要求；对建设过程中出现的问题积极邀请有关专家进行解答，及时处理，排除隐患；对已有方案和阶段性成果开展专家评审与验收，围绕综合发展环境、应用水平、配套支撑条件等方面进行科学分析和评估，协助指导试点城市建设，形成事后监督，保证建设质量。专家参与智慧城市建设主要有以下几种形式。

（1）方案指导。潍坊市邀请有关专家进行实地调查和专题研究，在智慧城市建设的顶层设计、机制创新、特色领域建设、创新投融资模式等方面提出大量宝贵意见，有力提升了智慧潍坊工作的前瞻性、科学性和实操性。

（2）技术指导。部分专家为数据共享交换平台、智慧潍坊“城市云”、全市网上审批系统、公共信息平台等项目建设实施提供了指导和建议，为有关特色领域工程建设方案优化建议，有效促进相关工作的顺利开展。

（3）专题培训。潍坊市先后邀请多名专家围绕大数据促进政务治理能力、政府公共服务外包、“互联网+政务服务”、政务信息资源共享开发利用等主题做了专题讲座，市委市政府领导、相关部门及县市区“一把手”和分管领导业务人员参加了培训，取得了良好的培训效果。2016年，潍坊市智慧城市建设专题培训班在浙江大学举办，培训采取课堂授课、现场教学、专家座谈等多种形式，课程涵盖物联网与智慧物流、云计算与大数据、“互联网+政务服务”、“互联网+电子商务”等内容，有效提升了工作团队的履职能力和工作水平。

2. 细化实施方案，确保政策落地

山东智慧城市建设，设计层面开始就注重规划引导。《关于开展“智慧山东”试点工作的意见》要求：加强“智慧山东”重点领域专项规划的编制和实施工作，加快实施一批重大示范项目，强化对信息技术产业发展的带动作用。重点地区要紧密结合实际，抓紧制定本地区建设规划和实施方案。对技术先进、优势明显、带动和支撑作用强的重大项目，及时纳入省重点项目规划和年度实施计划，确保有效实施。潍坊紧紧围绕智慧潍坊建设整体布局，制定了《智慧潍坊建设三年行动计划》和《智慧潍坊建设工作方案》，将国家层面、山东省层面和潍坊自身有关政策措施细化为适应本地特点的政策和方案。

例如，推进政务信息资源共享，政策制度保障是关键。国务院印发《政务信息资源共享管理暂行办法》（国发〔2016〕51 号），对政务信息资源定义与共享原则、政务信息资源目录编制、政务信息资源分类与要求、共享信息的提供与使用、共享工作监督和保障等内容做出了明确规定。一方面，潍坊市积极贯彻落实国家政策，推动建立完善政务信息资源目录分类、采集、共享交换、平台对接、网络安全保障等方面的标准，制定了《潍坊市政务信息资源共享管理办》《潍坊市政务信息资源共享交换平台使用管理规范》等七项管理制度，并在潍坊市统一数据共享交换平台运转过程中贯彻执行。另一方面，潍坊市将按照中央网信办制定的国家政务信息资源共享网络安全管理制度，加强政务信息资源从采集、共享到使用的全过程网络安全保障工作。

又如，作为智慧潍坊建设的重要战略组成部分，按照信息惠民创建工作要求，潍坊市编制了《潍坊市信息惠民国家试点城市创建工作方案》《潍坊市信息惠民国家试点城市建设工作方案要点》，提出了创建工作的总体任务、具体步骤和工作计划，细化了创建任务和保障措施，形成了推进机制方案、技术方案、资金保障方案、任务分解方案等多个专题方案，并经专家评议、信息惠民发展工作联席会议讨论通过。2016年，为贯彻落实《国务院办公厅关于转发国家发展改革委等部门推进“互联网＋政务服务”开展信息惠民试点实施方案的通知》（国办发〔2016〕23号）、《关于印发推进“互联网＋政务服务”开展信息惠民试点实施方案重点任务分工的通知》（发改办高技〔2016〕2145号）文件精神和要求，潍坊市制定了《潍坊市推进“互联网＋政务服务”开展信息惠民工作实施方案》，市政务办、智慧办、经信、财政、商务、人社、民政、卫生计生、教育、食品药品监管、农业、公安、质监等职能部门对各自承担的信息惠民和“互联网＋政务服务”工作落实并细化创建实施方案，明确实现目标的具体步骤和工作计划，细化创建任务和工作措施。

各个领域的进一步政策和方案的出台，使得智慧城市建设的各项工作计划和设想在潍坊真正落地，从而使这项系统建设工程得以环环紧扣，长效进行。

### （三）强化监督考核，强化工作成效

山东智慧城市建设注重预先建立监督考核机制，以确保工作效果。《关于开展“智慧山东”试点工作的意见》明确要求建立考核评估机制。各地市要建立

健全“智慧山东”试点工作目标责任考核体系和激励机制，细化目标任务，明确责任部门，落实考核内容，定期通报各项目标任务的进展情况，对责任单位完成情况进行督促检查，确保试点工作目标实现。

为了落实山东省的要求，潍坊市出台多项政策措施，建立和完善智慧山东建设考核监督机制，确保各项工作落到实处。《潍坊市深入推进智慧潍坊建设实施意见》专门规定建立督促检查机制，并要求潍坊各级、各部门要依据该实施意见，按照职责分工，进一步细化各自的实施计划，落实工作责任，加强协调配合。各级智慧城市主管部门要建立完善智慧潍坊建设统计制度和评估体系，定期发布智慧潍坊建设统计公报和评估报告，确保实施意见有效落实。具体而言包括以下内容：（1）制定统一的智慧城市评价指标体系；（2）探索建立智慧城市重大项目监督听证制度和问责制度；（3）将智慧城市建设纳入科学发展综合考核体系重要内容；（4）以督察或依托第三方评估机构等方式，对项目建设任务完成情况进行督促检查，并定期通报。

在每一项重点任务的落实过程中，均建立起详细而具有针对性的监督考核机制。例如，《潍坊市信息惠民国家试点城市创建工作方案》中有“加强监督检查，建立绩效评估机制”的专项规定。要求潍坊市各部门在信息惠民国家试点城市创建工作中建立部门联动、决策对接、政策衔接的信息惠民跨部门协同管理体制。一是加强与国家发改委及中央相关部门的沟通协调，及时提出创建工作方案，依托专家组，对潍坊市信息惠民试点城市创建工作给予指导和论证，争取国家发改委及相关部门的大力支持。二是完善潍坊市各相关部门之间的协同工作机制，协调制定和完善促进信息惠民发展的政策措施，重点解决瓶颈问题，及时掌握信息惠民服务发展动态及民众需求，提高政策措施制定的针对性和时效性。三是建立针对信息惠民发展的统计和监督检查体系，依托专家委员会建立项目咨询监理机制，对示范工程项目审查、指导、监督、检查、验收。定期汇总发布专项统计报告，定期检查信息惠民示范工程建设及推广情况。对潍坊市信息惠民发展进行科学分析和评估，协助指导信息惠民国家试点城市建设。如此详尽且具有操作性的监督考核机制是潍坊信息惠民工程收效良好的制度保障。

### （四）做好人财物保障，夯实工作基础

潍坊各级政府鼓励信息化人才的培养和引进，为智慧潍坊建设提供了坚实的人才保障。潍坊市多措并举，加强智慧城市理论和实践的研究与创新，发挥智慧潍坊研究院作用，并延请外脑，实现有限资源的最

大效能。智慧潍坊研究院牵头组建服务智慧潍坊建设的新型专家智库队伍，引入专家评估机制，构建充满活力的智库辅助决策机制。专家群体面向实务部门、企业组织开展智慧潍坊相关培训。此外，潍坊市鼓励和支持高等院校开设相关专业，建设公共实训基地，探索订单式、复合式、实训式等多种人才培养模式，引导企业与高校、科研院所等联合培养紧缺专业人才，结合职业教育，探索建立信息化人才队伍梯次培养体系。

山东省在智慧城市建设中持续加大财政投入力度，充分利用各类专项资金，进一步优化资金支出结构，集中力量推进物联网关键核心技术研发和产业化，大力支持标准体系、创新能力平台、重大应用示范工程等建设，加大对物联网发展的支持力度，为经过认定的具备相关资质的物联网企业按规定享受相关所得税优惠政策。在省级政策引领下，潍坊市研究制定财政、土地、税收、政府采购等方面的政策措施，对与此相关的各项事业给予重点支持，为智慧潍坊建设顺利推进创造良好的政策环境。

潍坊市贯彻落实省级规定，完善投融资机制。各级财政设立智慧城市建设引导资金，吸引社会资金参与智慧城市建设，推动形成全市智慧城市自我完善和发展的良性互动模式。创新智慧城市建设和运营机制，完善贷款贴息、资本金注入、服务外包补贴、融资担保等政府资金支持方式，保障重点智慧项目建设需要。坚持“政府引导、市场化运作、多元化投入”原则，加大市场投入力度，通过特许经营、购买服务、政府和社会资本合作（PPP）等形式，引导优质社会资本参与智慧城市建设，探索智慧城市领域政府与企业联合建设运营模式。例如，潍坊市云计算中心作为国内首个城市云计算中心的类 PPP 模式探索，按照“政府主导、市场化建设和运营”的模式，实行政府购买服务和市场化运营相结合，招标选取国内知名 IT 公司，会同潍坊市国有资本和本地相关公司，按照现代企业制度组建了潍坊市云计算中心建设管理公司，负责云计算中心项目建设资金筹集和方案制定，整合建设分布式云计算中心，开展整体运行维护和运营推广，承担全市各级各部门已建成项目的代行管理与维护。另外，潍坊市本着“政府主导、市场化运作”的原则，以全市 LED 路灯改造升级为契机，以项目换取投资，吸引企业以合同能源管理方式（EMC）参与路灯改造，投资建设无线城市网。

### （五）突出安全保障，防范化解风险

智慧潍坊建设未雨绸缪，在制度设计中重视安全保障问题。《潍坊市深入推进智慧潍坊建设实施意见》

指出，要完善网络和信息安全基础设施建设，做好政务数据备份和灾难恢复工作，构建公共网络、政务网络信息安全体系，提高综合防范水平。以关系城市安全、社会稳定和经济社会发展的重要信息系统为重点，建立健全以等级保护、网络信任体系和应急处理机制为重点的信息安全保障体系。

1. 加强信息网络与系统安全保障

潍坊市严格落实省各项信息安全管理制度，加强规章制度建设，制定了符合网络管理特点、可操作性强的网络与信息安全管理规章制度，先后出台了《潍坊市电子政务外网管理办法》《潍坊市电子政务专网管理办法》《潍坊市电子政务网网络安全应急响应管理办法》《潍坊市政务信息化数据中心机房管理制度》《电子政务 IP 地址管理办法（修订版）》《潍坊市网络与信息安全信息通报机制成员单位联络员管理办法（试行）》《潍坊市网络与信息安全专家管理办法》《潍坊市信息网络安全突发事件应急处置预案（试行）》《潍坊市网络与信息安全信息通报任务分工及报送规范（试行）》《市电子政务专网接入流程》等文件，做到了在网络与信息安全工作中有法可依，有章可循，同时注重制度的执行力，用规章制度规范信息安全管理工作，细化各个操作环节的管理和责任，严格按流程办事，确保了网络与信息安全。印发了《进一步深化我市信息安全等级保护制度建立网络与信息安全信息通报工作机制的通知》，通过电话、邮件、QQ、微信、企业版微信等方式建立了全市信息安全快速通报机制。

加强对基础电信网络安全监督管理，定期对三大运营商开展安全检查，确保各项安全管理制度和技术措施到位。成立市电子政务外网安全事件应急响应领导小组，制定应急预案。积极推动重点行业、企业、党政网站、重点网站信息系统等级保护工作开展，提高系统和网络安全防护能力。积极推进等级保护备案工作。协调国内相关安全厂家对潍坊市政务外网及重要 WEB 服务器做可控渗透入侵测试、弱点分析，并根据测试分析结果划分市外网安全域，制定响应安全策略和优化方案。在公共上网服务场所、交互式栏目网站全面推动落实实名认证制度和互联网安全保护技术措施，确保公共互联网服务的网络和信息安全。按照保密工作要求，对市级综合办公大楼内网进行涉密改造，保障了信息网络与系统安全。部署信息系统网络安全设备，保障网络通信安全。扩容升级了市电子政务外网，升级了核心路由器、防火墙，增加负载均衡设备，部署了网页防篡改软件、WEB 应用防火墙、防毒墙及互联网行为审计设备。配置了网络和信息安全防护设备，有效保障了潍坊市政府门户网站群的可用性、可靠性及安全性，有力提升了潍坊市电子政务网络通信安全水平。

2016 年以来，潍坊市认真开展智慧城市网络安全工作的统筹协调和顶层设计，市委、市政府制定了落实信息安全等级保护制度的具体措施，落实各级各部门网络安全责任；出台了加强网络与信息安全信息通报工作的文件，确定了 172 个通报机制成员单位，要求各级各部门建立网络与信息安全通报机制，建设网络安全预警和应急处置体系，从人员、经费、考核、追责等组织保障方面提出了明确要求。制定了《潍坊市网络与信息安全信息通报机制成员单位联络员管理办法（试行)》《潍坊市网络与信息安全通报任务分工及报送规范（试行)》等工作规范文件，建立和完善了网络安全应急处置机制。落实关键信息基础设施等级保护措施，67 个三级信息系统全部完成相关备案工作，加强关键信息基础设施监管，每年定期依法开展等级保护监督检查，2016 年远程技术监测 2380 余家次，检查网站等重要信息系统 370 个、工控系统 10 个，整改安全隐患 2422 个。

潍坊市已与多个技术公司开展合作，充分发挥专业机构和专家在信息安全与流程风险管理等方面的作用，开展面向潍坊市信息基础设施和云计算、大数据、移动互联服务以及各类智慧应用的第三方安全检测评估，从网络层、应用层、数据层、终端用户访问等不同层面优化升级信息安全保障体系，提高智慧潍坊运行效率和安全可靠性。

2. 强化信息资源安全保障

潍坊市实行信息资源应用与安全管理同步建设、同步落实的保障模式，确定在智慧潍坊免费无线宽带网络工程中同步落实网络安全管控措施，制定出台了《关于印发〈加强党政机关网站等重要信息系统安全保护工作实施方案〉的通知》《关于加强全市电子商务平台等信息系统安全保护工作的通知》《关于在全市统计系统开展信息系统安全等级保护建设整改工作的通知》《关于印发〈推进"网络平安"工作实施方案〉的通知》等一批文件，全市信息资源安全保障工作得到全面加强。

强化政府网站规范化管理。印发了《潍坊市人民政府办公室关于加强政府网站信息内容建设和管理工作的实施意见》（潍政办字〔2015〕71 号），建立以潍坊市政府门户网站为主站，各级各部门政府网站为子站的全市政府网站群体系，全市各县市区、市属各开发区和市直各部门的建站率达到100%。理顺政府网站由政府主办主管的管理体制，推行政府网站的备案和督导机制，形成市、县级政府办公室，市直各部门办公室对本级和下级政府网站管理、指导、监督、协调的主体责任机制。完善信息内容协调机制，由市府办牵头，建立网站信息内容协调共享工作群，整合全市各级各类政府网站信息，在政府网站集中发布信息，统筹调配、运用信息资源，做到一点发布，多点应用。强化安全防范机制，进一步提高政府网站安全防范意识，严格控制信息来源，做好信息上网前的保密审查工作，杜绝网站内容出现政治错误、内容偏差。

派专人负责接入政务网络系统的安全管理，定期检查网络接入设备运行状况，定期检查口令安全情况，及时排除故障隐患。派专业技术人员定期巡检，各专网接入单位分别配备一名安全保密意识强的工作人员管理使用专网终端计算机，做到专人专用。

在全市各级部门共同努力下，截至目前，潍坊市未发生信息惠民和“互联网 + 政务服务”领域的信息安全事件。

## 三 实施惠民政策，深化建设成效

近年来，潍坊市认真贯彻《关于促进智慧城市健康发展的指导意见》（发改高技〔2014〕1770 号）、《智慧潍坊建设工作方案》（潍政办字〔2015〕44 号）以及《潍坊市深入推进智慧潍坊建设实施意见》等文件精神和信息化发展总体要求，以创建国家新型智慧城市为目标，在政务服务、社保、医疗、社区、公共安全、就业、养老、食品药品安全、教育、家庭服务十大惠民领域取得明显成效，信息惠民综合服务能力显著增强，公共服务水平及公众满意度得到进一步提升，城市各政务部门的互联互通、信息共享和业务协同进程实现突破性进展。

## （一）各项惠民领域成效显著

1. 政务服务领域

潍坊市按照山东省政务服务平台建设总体部署和本地实际，制定了《潍坊市政务服务平台建设实施方案》和《潍坊市推进“互联网+政务服务”开展信息惠民工作实施方案》，以实现“一号一窗一网”为目标，进一步转变政府职能，完善市级政务服务平台功能，推动实体政务大厅向网上办事大厅延伸；简化优化公共服务流程，加快推进部门间信息共享和业务协同；简化群众办事环节，提升政府行政效能，畅通政务服务渠道，切实解决困扰基层群众“办证多、办事难”问题，构建方便快捷、公平普惠、优质高效的政务服务体系。

首先，“一号”申请建设成效。

基于全市统一的信息资源共享交换平台，潍坊市“一号”申请服务体系得到健全。

第一，启动居民电子证照目录建设工作。作为山东省简化优化公共服务流程 4 个试点市之一，潍坊市于 2016 年完成了市、县、镇、社区四级公共服务事项清单编制工作，理出公共服务事项底数。利用已有政务信息资源共享交换平台目录管理系统，潍坊市启动了居民电子证照目录编制工作，对教育、医疗卫生、社会救助等涉及群众办事的政务服务事项逐项开展证照梳理，完成了全市证照目录库梳理工作。

第二，启动电子证照库建设。基于潍坊市政务信息资源共享交换平台目录系统，采集证照生成过程中所需的基础数据和生成后的结果数据，以公民身份证号码或统一社会信用代码作为唯一标识，以最为实用、效果最为显著的新生儿出生登记、离婚登记、残疾人证办理等服务事项为切入点，逐步完善公民证照信息，建设电子证照综合管理系统，实现制证系统与业务系统对接，建设电子证照共享服务系统，与政务事项审批系统对接，实现群众办事“一号”申请。

第三，启动跨区域电子证照互认共享机制研究工作和法规与相关标准的研究制定工作。积极组织相关负责同志和工作人员到福建省等在“一号一窗一网”建设方面有着丰富经验的试点城市学习考察，并同步启动了本市跨区域电子证照互认共享机制研究工作。参考福建省电子证照库体系建设经验，启动开展电子证照政策研究探索，制定电子证照关键技术标准和跨地区互认共享标准，并推动相关标准实施应用。

其次，“一窗”受理建设成效。

第一，建立政务服务事项优化管理机制。潍坊市汇总形成49个部门的行政权力和公共服务事项资源信息类1600余个，并在潍坊市网上政务大厅公布行政许可清单。同时开展证明、盖章类材料规范清理工作，有效地解决群众办事难、办事慢问题。

第二，升级政务服务大厅功能，整合构建综合服务窗口。潍坊市已建立市县两级统一的审批服务平台，实现行政审批事项100%网上办理。建立完善市、县、镇网上联动办理机制，梳理规范县市区初审上报、市级审核的各类事项1036项，打造“全市一张网”，实现网上办理事项信息、公众申请信息及业务办件等信息的实时交换和共享。

第三，整合构建统一的数据共享交换平台和政务服务信息系统。潍坊市已建成了全市统一的信息资源共享交换平台，建设了目录管理系统、数据交换系统和交换流程管理系统，实现与人口、法人、空间地理、电子证照等基础信息库和业务信息库的联通，现在各部门按照约定的更新频率定期提报数据，平台的数据总量在持续增长。

第四，构建线上线下一体化政务服务体系。潍坊市依托全市统一的信息共享交换平台建立完善集行政审批、政务公开、便民服务、效能监督等功能于一体的网上审批服务大厅，通过优化网上申报、在线审核、实时监督的网上审批办理流程，健全网上审批运行机制，确保实现审批流程公开化、网络运行一体化、审批服务便捷化、网上监督全程化的目标。并依托“潍V”网上政务厅，拓展了自助服务渠道，探索建立涉及多部门的政务服务事项协同办理机制，整合构建综合服务窗口，实现政务服务“一窗”受理，构建跨区域、跨层级、线上线下一体化的政务服务体系。

再次，“一网”通办建设成效。

第一，“五位一体”推动“一张网”“一网通”。潍坊市在已建成的行政审批系统和网上政务服务大厅的基础上，制定了潍坊市市级政务服务平台建设方案和实施方案，建设集行政权力运行、政务公开、便民服务、法制监督、效能监察功能“五位一体”的市级政务服务平台，推动实体政务大厅向网上办事大厅延伸，实现全市主要行政权力“一张网”运行和企业、群众办事“一网通”，向社会提供便捷高效规范的网上政务服务。

第二，实现省、市、县三级互联互通。潍坊市市级政务服务平台建设内容包括全市统一网上政务大厅、行政许可网络运行系统、建设工程项目并联审批系统、市场主体设立联审联批系统、法制监督系统、电子监察系统、大厅智能化服务大厅等。目前，包括行政权力网络运行系统、电子监察系统、法制监督系统、统一身份认证系统、政务服务网等已搭建完成，并实现省、市、县三级互联互通，相关数据已推送到省级平台。

第三，整合多服务终端媒介。潍坊市整合“潍 V”手机 APP、政府网站、自助终端、服务热线等媒介，运用“互联网 +”思维和大数据手段，让“数据多跑路、群众少跑路”，做好政务服务个性化精准推送，为公众提供多渠道、无差别、全业务、全过程的便捷服务，实现多渠道服务的“一网”通办。

最后，提升跨区域服务水平。

潍坊市提出了跨区域服务的目标。争取与其他试点城市间，初步实现政务服务跨区域、跨层级、跨部门“一号申请、一窗受理、一网通办”。

2. 社保领域

首先，社保卡（市民卡）应用广泛。

第一，参保人群覆盖 100%，持卡率达 90%。作为全国首批发行隐形磁条社保卡的城市，2010 年潍坊市开始批量发行全国统一标准的社会保障卡，发卡量稳居全省前列，是潍坊市发行量最大的个人实名金融芯片卡。潍坊市坚持便民利民原则，参保人员首次申领社保卡、采集个人基本信息和照片信息全部免费，真正使社保卡成为便民卡、惠民卡。目前，全市社保卡的发行包括城镇职工和城乡居民，已实现参保人群覆盖100%。

第二，社保卡应用范围不断扩大，功能更加丰富。潍坊市按照“急用为先、逐步扩展”的原则，将人民群众急切盼望、迫切需求的应用功能优先实现和落实，再逐步扩大应用范围，打造特色应用，不断丰富功能，真正实现将社保卡打造为人民喜爱的市民卡、便民卡。目前，潍坊市社保卡已实现集电子凭证、信息记录、就医结算、缴费和待遇领取、金融支付等多项功能于一体。

第三，创新服务手段，保障社保卡应用。为解决群众在申领卡和用卡不方便等方面的突出问题，潍坊市加快推进快速补换卡模式、大力拓展服务渠道，力争为人民群众提供高效便捷的社保卡服务。为进一步方便广大参保群众，潍坊市推出了潍坊市社会保障卡微信公众号，并于2016年3月底正式上线。微信平台设有社保卡余额查询、缴费明细查询以及定点医疗机构网点查询等功能模块，并开通了在线咨询及答复功能。昌乐县、高密市等县市区更是通过微信公众号实现了就业人员缴费，居民医疗、养老缴费等，为人民群众带来了极大的方便。

其次，社保业务办理效率大幅提升。

近年来，潍坊市加快推进电子社保建设步伐，“多走网路，少走马路”成为群众共识，越来越多的参保单位和个人通过社保网上服务系统、自助设备、手机“掌上社保”等智能终端办理业务。据统计，全市85%以上的社保业务能够通过网络自助办理，有效地提高了经办效率，提升了服务质量。

第一，全省率先实现即时发卡。潍坊市在全省率先开通了即时制卡，与工商银行联合在青州、寿光、昌邑、昌乐、临朐5个县市实现了挂失即时换卡，制发周期由原来的2个月缩短到现在的30分钟，大大方便了参保群众，给群众提供了高效优质服务。

第二，网上服务推动社保经办实现新跨越。潍坊市社保网上服务系统于2009年9月正式上线运行，业务类型涉及企业、机关事业单位所有业务和城镇居民医疗三大类，功能涵盖社会保险登记、参保人员增减、缴费基数申报、网上缴费、缴费凭证打印、登记证年检、社保卡信息采集、个人权益管理、社保政策宣传等几十项业务。目前，全市超过11000家用人单位利用此信息网络平台开通网上服务系统，85%的社保业务通过网上办理，全市社保经办机构平均每天对外服务26万余人次，极大地提高了工作效率，方便了参保群众。

第三，自助终端应用开创经办服务模式新时代。

2014 年，潍坊市首批社保自助服务终端设备共 25 台正式投入使用。该终端在硬件和软件方面都是省内甚至国内领先，就业参保人员可以在自助设备上选取缴费档次，实现个人自助缴费；支持指纹、掌纹静脉、人脸识别等多种认证方式，退休人员可就近完成资格认证；在银行自助设备实现社保功能，参保对象可以在银行自助设备上办理缴费、查询等业务。

第四，移动终端服务实现社保经办无缝覆盖。为提供方便、快捷的个性化服务，潍坊市开发了“掌上社保”移动终端应用系统，建设了手机 WAP 网站、社保微信平台、手机短信平台等移动社保服务系统，为广大参保对象提供个性化社保经办服务。

第五，实施“互联网 +”战略，创造经办服务新模式。潍坊市充分利用互联网平台和信息通信技术，把互联网与社会保险经办服务相结合，不断提升经办能力和服务水平。通过与金融部门合作，实现了用人单位“五险合一”网上缴费，有效解决了以往集中办理、距离较远、排队等待等难题，实现了参保单位足不出户就能缴纳社保费、居民医疗保险。同时，居民医疗保险、工伤保险、生育保险也同步实现了报销费用的网银发放。截至目前，全市范围内医疗、生育、工伤医疗费用与定点医疗机构联网结算，与市外 110 多家医院实行异地就医联网即时结算。

第六，搭建全民参保登记信息管理平台。潍坊市以荣获全国电子社保示范城市为契机，借力电子社保向智慧社保换挡升级，充分利用互联网、移动互联网、大数据、云计算等技术手段，成功研发了包括社区管理平台、移动登记平台、网上自助平台、个人手机APP、数据同步交互等九大子系统的“全民参保登记信息管理系统”，满足数据比对、入户调查、自助登记、审核录入、动态维护等全民参保登记各个业务环节的经办需求，支持在线、离线及跨区域参保登记，同时又与具体社保业务经办有效衔接，可完成社保登记信息、社保卡信息、个人权益记录单邮寄信息一站式采集，还具备生存状况认证等其他业务功能。

第七，提升社保转移接续的便捷性与时效性。潍坊市按照《企业职工基本养老保险关系转移接续暂行办法》要求，明确了参加城镇企业职工基本养老保险人员在跨省、自治区、直辖市流动就业时转移接续基本养老保险关系的有关政策和经办要求。实现社保数据跨地域、跨上下级共享，有利于维护参保人员特别是广大农民工的养老保险权益，有利于完善覆盖城乡居民的社会保障体系，进一步扩大养老保险制度的覆盖范围，有利于促进城乡统筹，引导农村富余劳动力向城镇有序转移就业，推动工业化和城镇化进程。

第八，以电子社保为支撑，强化基础数据整理。

社保数据准确完整是社保电子化的基础，也是实施全民参保登记计划的具体要求。以个人权益记录单寄送为契机，将以前的手工台账信息重新核对扫描，形成电子台账。同时利用登记证年检、社保卡办理、缴费申报、人员增减等业务环节，加强对参保人员基本信息的核查，确保了信息资料的准确完整。

第九，强化智慧医疗服务手段，参保对象就医时效性得到提升。一是社保卡替代就诊卡看病更快更方便。目前潍坊市在二级以上医院均可实现“二卡合一”，通过社保卡可以自助挂号、自助缴费、自助打印化验单、自助查询费用清单及社保卡余额等功能，大大缩短了参保对象就医等待时间，提升了时效性。二是与智慧城市建设相对接，开发了“潍 V”手机 APP，这个 APP 集社交、出行、教育、医疗等功能于一身，其中的“智慧医疗”手机支付平台是“潍 V”智慧城市建设的重要组成部分。就诊人只需操作手机即可成功从医保个人账户中支付就诊应缴费用。

最后，社保数据共享利用成果丰硕。

借助全民参保登记计划实施，建立部门间数据共享机制与公安、工商、税务、质监、民政、国土等部门进行数据交换，实现数据共享。通过与公安数据库数据进行交换、比对，成功使用公安系统的身份证照片，减轻了社保卡信息采集的工作量；定期与公安、民政部门进行数据同步，动态更新户籍人员信息及生存状况信息，自动维护参保登记数据库；与市质量技术监督局实现组织机构代码信息共享，以利于完善用人单位参保登记信息。

潍坊市在保障业务数据安全的前提下，与上级单位及同级业务部门建立了数据共享机制，制定了信息数据共享协议，实现了社保数据与其他单位之间的数据共享，促进了业务工作的全面开展。实现社保数据跨部门、跨上下级共享。建设单位和个人基本信息库，通过共享质检、工商、国土等部门的单位信息，构建了覆盖全市29万余家单位的基本信息库。通过采集社会保障卡数据，与公安部门共享户籍信息和个人照片，构建了覆盖全市900万人的基本信息库，达到“同人、同城、同库”标准，为全市信息共享、业务协同奠定基础。

3. 医疗领域

首先，医疗服务优化程度逐渐加深。

建成覆盖二级以上公立医院的“掌上医院”。潍坊市“掌上医院”涵盖预约挂号、预约检查、在线支付、费用查询、检查检验结果查询等多项便民应用。潍坊市人民医院、潍坊市中医院等十几家医院的“掌上医院”已上线运行。“掌上医院”转变了挂号模式、创新支付方式、再造就诊流程，减少了患者挂号、检查、候诊、缴费排队等待时间，解决就诊“三长一短”，改善就医体验。

第一，开展面向基层的远程医疗系统建设试点。首批在安丘试点利用区域信息平台建立区域远程医疗系统，包括区域影像、区域心电、远程心电监控、远程会诊等功能，2015 年 10 月至今，已开展远程会诊 3000 余例，其中远程门诊会诊 500 余例，远程影像会诊 1200 余例，远程心电会诊 1100 余例，有效促进了优质医疗资源放大下沉，极大方便了群众在基层就医，降低了医疗费用，减轻了患者负担。

第二，建成以高血压、糖尿病等慢性病为重点的健康管理系统。基于安丘市信息平台试点开发了手机 APP 和网站社群，为安丘市高血压、糖尿病患者提供慢性病管理服务。利用该系统进行绩效考核，构建慢性病“三师共管”体系和公共卫生服务考核体系，促进分级诊疗工作开展。

第三，建成协同医疗服务云平台。遵循“政府主导、多方参与、市场化运营”的原则，建设潍坊市协同医疗服务云平台，打造互联网医联体。通过协同平台，实现了上级医疗机构优质医疗资源下沉，提高了基层医疗卫生服务水平，推进了分级诊疗工作，有效促进了就医双向转诊。

第四，建成“云天使”养老护理平台。以潍坊市市直机关医院为依托，建设“云天使”网络保健中心平台、全科医生呼叫中心、老年护理院、健康小屋，创立线上线下医养一体化服务模式。采用移动互联手段，提供健康管理、慢性病干预、居家护理、医疗专护、中医保健康复等专业服务，方便居民自我监测血压、血糖、体脂、体重等，进行自我健康管理。

其次，医疗信息共享深度广度持续提升。

潍坊市卫生信息平台采用国家卫生计生委统一的卫生信息化框架和标准建设，实现了个人健康档案、电子病历、医疗服务管理等卫生信息数据在卫生系统内部的互联互通和信息共享。

第一，居民电子健康档案建档率约达90%。2011年起，潍坊市以电子健康档案信息系统为基础，在全市开展县级集中部署的基层信息系统建设，目前已建成标准统一的基层卫生计生信息综合管理系统，支撑公共卫生服务、电子健康档案管理、基层医疗服务等功能。

第二，医疗信息实现多方共享。加快推进信息平台建设，实现全市人口健康信息互联互通。目前，市级平台和安丘、寿光、高密、昌乐、诸城等县级平台已完成建设，正在进行互联互通；昌邑、寒亭、临朐、高新、青州等地正在建设，同步与市级平台进行互通。市、县两级平台互通的同时，省、市平台间也正在进行联通测试，数据已开始上传。信息互通共享，可促进优质医疗资源向基层流动，方便居民在基层就医，减少重复检查，降低医药费用，进行个人健康管理；可提升卫生计生管理决策科学水平，加大主管部门对医疗行为监控力度，有效控制医疗费用不合理增长等情况的发生。

4. 社区领域

首先，社区服务能力有效提升。

建设社区公共服务综合信息平台，推进社区公共服务事项一站式在线办理。潍坊市指导县市区按照“先试点后推广”的原则，大力推进社区公共服务综合信息平台建设，在25个镇街进行试点。试点区域以街道为基本单元，整合社区公共服务信息资源，推动部署在不同层级、不同部门、分散孤立、用途单一的各类社区信息系统向社区公共服务综合信息平台迁移和集成，实行“前台一口受理、后台分工协同”的运行模式，社区公共服务实现跨部门业务协同。

例如，潍坊市高新区打造的社区公共服务综合信息平台包括了社区三维图、社区概况、社区组织、人口管理、单位管理、房屋管理、公共服务、事件管理、统计分析、日常办公等功能模块，涵盖了绝大多数社区事务。可以直观、形象、有效地管理社区，处理各种社区事务，为居民提供更好更便捷的服务。

针对困难群体提供多渠道、多领域的主动式信息服务和代办服务。针对困难群体实际，指导县市区综合利用互联网、物联网等现代技术手段，搭建以企业为主体、社区为纽带、信息化为手段、服务实体为支撑的发展平台，畅通有效服务供给和消费诉求表达两个渠道，实现信息查询、数据统计、信息咨询、跟踪定位、服务代理、直流配送、居家服务、紧急救援、信息发布九大服务功能。

其次，社区信息集中采集多方共享成效显著。

第一，建立社区信息化管理服务平台，实现了居民信息一次录入、多方共享。从 2011 年开始，潍坊市各县市区结合自身实际建立具备查询、统计、定位等功能的社区信息化管理服务平台，建起县、镇、社区三级信息网络系统，基本实现了居民信息一次录入、多方共享。目前，潍坊市社区居民基本信息已全部录入完成。

第二，建立信息资源数字化管理体系，为政府部门提供基础性数据支持。对社区常住人口、流动人口、志愿者、计生对象、残疾人、优抚对象、社区内企业、出租房、营业用房、物业等基础数据按照统一标准进行收集、存储和管理，建立起涵盖居民信息、退休人员服务、低保救助、残疾救助、优生优育、社区卫生等信息资源的数字化管理体系，为进社区开展服务的所有政府部门提供基础性数据支持，实现数据资源的信息化管理。

例如，针对社区居民流动性加大、居民信息经常出现变化的现状，建立居民信息反馈网络，城市社区信息员由网格长担任，农村社区信息员由村民小组组长担任。居民信息发生变动，由信息员负责及时上报社区，确保居民信息的真实性、准确性，实现了居民信息动态管理。所辖范围内居民的流入流出、居民信息的变动由信息员负责在第一时间内上报社区及时进行修改，确保居民信息的真实性、准确性。

最后，社区服务多元化模式创新进展顺利。

第一，打造潍城“烛光公益”志愿服务品牌。潍城区坚持把开展志愿服务与创新社区治理结合起来，“扩面、搭台、建制”，使志愿服务与居民需求有效对接，全面推进社区志愿服务活动制度化、规范化、常态化，打造潍城“烛光公益”志愿服务统一品牌，建立区、街、（村）居三级联动的志愿服务平台，构建覆盖全区的志愿者联合总会、志愿者联合分会、志愿者服务站三级志愿服务组织网络。

第二，建立“四社联动”社区治理和服务机制。潍坊市积极开展“四社联动”协同治理探索，确定了33个城市社区开展社区、社会组织、社会工作者、社区志愿者“四社联动”试点，取得了初步成效。指导社区建立“四社”信息联通、组织联建、服务联办机制，完善“四社联动”信息收集、反馈、调处机制，努力探索“以社区为平台，政府扶持监督、社会组织承接、专业社工引领、项目化运作、志愿者参与”的社区服务新途径。

第三，“多村一社区”的诸城模式。自 2007 年以来，为有效解决政府公共服务在农村相对缺乏的问题，诸城市创造性地开展了农村社区建设工作，按照地域相近、规模适度、方便群众的原则，把相邻的几个村庄和相关单位规划建设为一个社区，坚持因地制宜，采取改建、扩建、新建等形式建设社区服务中心。全市 1249 个村庄共规划建设成为 208 个农村社区，形成了“多村一社区”的诸城模式，实现了农村社区建设的全覆盖，被民政部首批命名为“全国农村社区建设实验全覆盖示范单位”。

5. 公共安全领域

首先，视频监控能力持续提升。

第一，视频监控能力建设不断完善。潍坊市按照“社会合力共建、资源高度整合、运维机制完善、管理应用规范”的原则要求，加强视频监控能力建设，通过系统建设、升级改造、整合统筹，在全市建成规划布点合理、技术标准统一、视频资源共享、管理应用规范的数字化、集成化、网络化、智能化的全天候视频监控网络。

第二，视频监控辅助破案和查处比例逐年上升。2016 年潍坊市从监控资源的整合共享、视频图像结构化处理、视频数据与其他警务大数据的关联应用几方面入手，打牢视频大数据综合应用平台的框架与基础，建设以人、车、案件为基础的视频资源库，围绕服务实战、服务维稳、服务警钟三条主线继续开展“数据侦查”工作。运用视频监控技术破案率提升至 40% 以上，视频监控辅助破案和查处比例逐年上升。

第三，建设城市设施及执法状态视频和 GPS 监控系统。为全面提升数字化城市管理及执法水平，实现城市管理的标准化、规范化、精细化，把建设城市设施及执法状态视频和 GPS 监控系统作为数字化城市管理工程又一重要内容。在对城区全面摸排、功能定位、精准选点的基础上，利用视频监控和 GPS 监控技术，加强对城市事件以及市政工作状态、市容环境秩序等城市管理问题的全方位监控，实现管理可视化，把各项管理置于全方位无盲区监管之下，对确保市政设施完好运行、加强执法管理监督及预防突发事件发挥了重要作用。

第四，群众安全感指数明显提高。潍坊市公安局立足动态化、信息化条件下治安问题的解决，牢固树立强基固本工作理念，健全完善长效工作机制，整合各种社会资源，齐抓共管群防群治，实现了治安防控体系立体化、社会化的创新升级，社会面治安防控水平明显提高，人民群众安全感、满意度指数明显提高。

其次，视频资源共享与开放推进顺利。

第一，建成全市社会图像信息资源共享平台，为视频监控资源价值最大化扫清了障碍。2015 年，潍坊市社会图像信息资源共享平台一期建设完成，实现了条块网络互联、资源共享、优势互补，解决了长期困扰发挥视频监控资源最大价值的诸多问题和障碍。

第二，视频资源共享与开放应用不断丰富。目前潍坊市社会图像信息资源共享平台已联网 16 个县级公安机关及城区约 21000 万路视频监控图像，全市卡口数据联网达到 732 处。接入公安机关内部监控 4500 路，接入道路卡口、重点部位、制高点、校园周边、社区农村、治安复杂区域、商贸中心等视频监控约 13500 多路。通过海量视频信息的全面整合、全市共享、动态分析，实现了人过留影、机过留号、车过留牌。同时，打通了与潍坊市信息资源共享交换平台通道，建立了数据共享机制，利用共享平台引进信息资源数据 8500 余万条，通过专线以接口调用方式提供了全市常住人口、机动车、房屋租赁等信息的查询服务。

最后，视频资源得到有效整合。

潍坊市社会图像信息资源共享平台，是全市视频监控全覆盖工程的重要组成部分，主要实现全市社会图像信息资源的整合与共享。市政府在市公安局利用社会视频专网建立一级社会视频资源共享平台，汇集全市公安机关自建和社会监控系统，具有对下级平台的资源调用和系统管理权限；市交通、市政、教育、卫生、金融、水利等部门在本部门，各县市区政府在公安（分）局建立二级社会视频资源共享平台，高度整合、存储本部门、本系统、本辖区重要的社会视频图像资源，实现对上级平台提供调用资源和对下级平台分配权限的功能；县市区有关部门在本部门，乡镇街道在派出所建设三级社会视频图像资源共享平台，依据授权对本部门、本辖区监控资源实时调度和应用。三级社会视频资源共享平台安全对接，并实现互联互通。已联网 16 个县级公安机关及交警支队、高速支队一类目标监控约 2 万路视频监控图像，包括道路监控、治安监控、重点部位监控等，占全市社会图像信息资源一类目标监控总数的一半以上。同时，全市公安、交通、教育、城管、卫生、水利、金融等具有社会管理职能的部门全部建立视频监控中心和专项应用平台，视频监控在城市管理、校园安保、绿化防汛、应急处置等社会管理方面的应用效能明显提高。

6. 就业领域

首先，就业服务能力及质量不断提升。

第一，加大城乡就业统筹力度，就业服务不断向基层延伸。近年来，潍坊市以贯彻落实就业优先战略为指导，以统筹城乡就业为抓手，以实现社会充分就业为目标，积极整合公共就业服务资源。截至目前，全市实现了公共就业服务资源的整合统一。潍坊市就业信息化基础设施建设已经全面延伸至城市社区、行政村，覆盖率已经达到100%。

第二，充分借助信息化手段，不断提升“一站式”就业综合服务体验。潍坊市高度重视利用信息化手段，不断提升“一站式”就业综合服务体验，目前潍坊市就业信息服务平台已经全面做到为待业人群提供信息发布、表格下载、办事指南、政策查询、岗前培训、就业指导、就业扶持、咨询问答互动8种“一站式”就业服务。其中，潍坊人才网主要提供人才招聘信息发布、个人免费求职、人才简历查询、企业形象宣传、人才素质测评等多方位的人力资源服务。目前，每年参与网络招聘的会员企业1000多家次，注册的个人会员近10万名，点击量达500多万人次，已成为潍坊市乃至山东半岛规模最大、影响力最强的专业人才网站之一。

第三，建设网上就业服务电子地图系统，着力打造半小时就业服务圈。依托“潍坊就业网”，潍坊市创新打造了“潍坊市就业服务机构电子地图”系统，提供全市所有就业服务机构具体业务经办及就业人才服务项目信息，让广大用户通过电子地图能够快捷方便地了解潍坊市就业服务机构的服务项目、地理位置、通信方式等信息，方便广大用户就近享受就业服务机构的优质服务。

第四，实现手机 APP、短信及电子邮件方式将各类公共就业人才服务信息及时推送给各类招聘单位和求职者。开创主动推送市场供求信息的新模式，变“人找信息”为“信息找人”。高密市专门为农民工开发了短信主动推送服务系统，及时将农民工用工信息免费发送到广大农民工客户的手机上，让广大农民工能够及时获得市场供求信息，获得了广大农民工的一致好评，取得了良好的社会效益。同时，潍坊市依托潍坊人才网，开发手机版人才服务网站，广大用户通过手机就能获得网站的各项服务，不受时间和空间的限制，随时随地享受网站提供的各项优质服务。

其次，就业信息共享覆盖范围显著加大。

近年来，潍坊市不断提升全市人力资源信息化服务水平，改变传统的就业服务模式，形成了以市信息中心为核心，各级就业服务机构为基点，构建起市、县、镇、社区四级就业信息服务网络，基本实现了“数据向上集中、服务向下延伸、系统管理开放、资源信息高度共享、就业服务效率提升、工作决策科学”

的目标。

从就业情况来看，近年来，潍坊市每年城镇就业、农村劳动力转移就业都在 10 万人以上，全部录入全省公共就业人才服务信息系统，实现了实名制管理，确保就业数据全省共享。全省统一使用一个平台，全市四级就业服务机构统一使用全省公共就业人才服务信息系统，各级业务经办机构所有业务办理工作均通过该平台进行，为信息在全省范围内实现高度共享提供了保证；数据集中存放在省厅，“全省公共就业人才服务信息系统”业务数据统一在省厅信息中心服务器集中存放，各县市区只设立网络中心，不再设数据库服务器，实现了数据向上集中、服务向下延伸，从技术上确保了数据的共享共用。数据的统一存放从根本上改变了过去数据不共享、多头存放和管理难的问题。

最后，就业服务模式创新多元。

潍坊市充分利用信息化先进手段，不断创新工作模式，为求职者提供全面权威、精准便捷的信息服务，并通过服务网站和手机短信、彩信、微信平台服务等多种渠道，及时传递给各类招聘单位和求职者。加快实现内外网结合发展。内网强化省、市、县、镇、社区五级专网，形成上下贯通信息流。外网进一步完善就业网站的服务功能，实现与企业、院校、个人联网，形成横向贯通的信息流；企业用户、院校用户、个人用户通过外网申报办理就失业登记、享受就业政策、用工需求登记、个人网上求职登记、就业培训等各项业务，内网予以审核、办理，建立内外网互联互通的工作模式，实现各项就业服务的高效运行；实现多种信息平台互通互联工作模式。结合自身业务实际和劳动者服务需求，畅通业务流程，充分发挥信息网络、无线通信、广播电视等多种信息媒体功能，完善信息发布、政策宣传、咨询问答互动等服务功能，逐步建立起多媒体就业互动信息平台。

7. 养老领域

首先，机构养老信息化服务种类丰富。

潍坊市养老机构信息化改造步伐加快，积极构建覆盖城乡的机构服务网络。全市共建成养老服务机构206家，床位5.9万张，平均每千名老年人35张。为促进养老机构服务规范化、科学化，潍坊市对大型养老机构安装实时监测系统、紧急呼叫器、智能化服务设施，构建养老机构管理服务信息化系统。目前，潍坊市大中型养老机构全部安装了紧急呼叫系统等信息化服务工具，完善智能化升级改造。养老机构提供的养老服务信息化的业务种类多达十余种，包括智能照护、夜间监测、卧床检测、呼叫救助、餐饮服务、定位服务、亲情电话、费用管理、接待管理、主动关怀系统等。

其次，居家和社区养老信息化服务效能提升。

第一，搭建养老服务信息服务平台。潍坊市按照“政府主导，信息支撑，社会参与，市场运作”原则，以老年人服务需求为导向，以社区信息化管理服务平台为依托，运用互联网、物联网等技术手段，健全老年人信息数据库，创新居家养老服务模式，构建市、县、镇、社区四级联动，层级分明，物理分散，逻辑集中的养老服务信息服务平台，实现信息查询、数据统计和跟踪定位服务三大服务功能。

第二，居家和社区养老信息化服务范围广泛、种类丰富。在社区建立居家养老服务网点，借助居家养老信息化服务平台，为居家老年人提供助餐、助浴、助急、助医、助洁、助行等多样化、可选择的六大类定制服务，形成有着力点、有支撑面、满足老年人各种服务需求的居家养老信息服务网络。全市已有78处社区日间照料中心、126处居家养老服务站引进居家服务实体，为老年人提供菜单式、套餐式服务。潍坊市开展居家养老和社区养老信息服务覆盖老年人比例为84%。潍坊市12343民生万事通以语音网、无线网、互联网、物联网为依托，打造了呼叫、网络、短信、平面媒体、服务大厅五大平台。奎文区、潍城区、寿光市等县市区搭建了“12349居家养老服务平台”，诸城市建立了为民服务中心12341热线平台，向社区居民提供政务咨询、养老、医疗法律服务等十余类200多项社会服务。全市目前建成养老服务信息平台11处，覆盖率达70%以上。为老年人发放“一键通”等电子辅助终端5万多部，形成了一座座没有围墙的虚拟养老院。整合1600多家服务单位，为老年人提供紧急呼叫、家政预约、医疗康复、健康咨询、物品代购、服务缴费等多元化服务。

第三，大力培育居家养老服务实体。制定扶持政策，对居家养老服务机构给予运营补助，积极引进、培育居家养老服务组织，引入医疗、康复、家政、物业等服务实体，引进培育了济南阳光大姐、北京勤好颐和康、上海人之缘和幸福9号等市外服务实体，培育发展了潍坊佳益居家养老服务中心、开心居家养老服务中心等当地品牌养老服务实体，形成了养老服务实体多元参与、公平竞争、有序发展的良好态势。

最后，养老信息实现整合和多方共享。

第一，养老信息整合利用。潍坊市利用山东省养老服务管理平台，及时录入老年人、养老服务设施、养老服务组织等基础信息，建立具有统计分析功能的养老基础信息数据库，实现市、县、镇、社区四级养老数据在线查询统计、业务在线审批、资金在线管理和养老机构日常管理等功能。依托医疗保险结算服务平台，建立包括“五保”“三无”等老年人在内的民政对象医疗救（补）助即时结算服务系统，对符合条件的救（补）助对象，通过所在定点医疗机构直接予以结算。

第二，社区信息共享。根据90%以上的老年人居家养老的现状，加强养老服务信息平台与社区信息化服务平台之间的数据互联共享，及时更新社区居家老年人基本信息，借助社区活动室、卫生室等公共服务资源为老年人提供更加优质的养老服务。

第三，医疗机构信息共享。大力推进医养结合式养老。在有条件的养老机构设置内部医疗机构，纳入居民基本医疗保险范畴。在中小型养老机构和场所，通过设置医疗工作室（站）、医务人员巡诊、确定家庭医生等方式，有效利用与更新与老年人健康有关的信息，提升老年人晚年生活质量。

第四，社会服务组织共享。依托居家养老信息服务平台，社会服务组织可以结合老年人基本信息，为其提供个性化精准服务。

8. 食品药品安全领域

首先，协同监管体系日益完善。

潍坊是国家食品安全示范城市，建立和完善了食品药品协同监管体制。潍坊市食品药品监督管理局牵头，通过食品安全委员会与市直相关部门（单位）主动沟通信息，加强业务协同，特别是与公安部门联合查办了一些食品药品安全方面的案件，建立了良好的互动机制。问题产品一经发现，一方面通过媒体告知公众，引起警示；另一方面，迅速交市食品药品稽查支队查处，必要时移送公安等相关部门处理。

其次，互联互通能力不断提升。

第一，遵循国家和省定标准规范，采用统一的信息化标准及数据规范。潍坊市在开展食品药品电子监管工作推进过程中，始终严格按照国家和省定标准和技术规范进行［采用了国家食品药品监管信息化标准（CFDAB/T 0101—2014）］，对于没有标准规范的，遵循方便互通共享的原则，确保互联有支撑，互通有保障。所使用的业务系统均为国家食品药品监督管理总局和山东省食品药品监督管理局开发部署的监管应用，业务数据实现国家食品药品监督管理总局、山东省食品药品监督管理局、地市、区县以及市场监管所五级行政机构互联互通，绝大部分业务数据在市场监管所均能够按需使用。积极开展药品电子监管工作，所使用的软件和硬件，均依据国家和业务主管部门的要求开发采购，符合信息共建共享的要求。

第二，与省级平台实现互联互通。潍坊市积极参与全省食品药品安全“智慧监管”工程建设，成为首批试点单位，并顺利完成食品日常监管系统和检验检测系统的试点建设，信用信息系统的试点正在进行中，行政审批有关的系统已进入正常应用环节。这些数据和应用均由省级投资建设，市、县、镇免费使用，平台内数据全省互联互通。

再次，“阳光厨房”提升餐饮质量安全水平。

潍坊市在全市开展餐饮单位“明厨亮灶”行动，提升全市餐饮质量安全水平。“明厨亮灶”主要分为透明厨房、视频厨房和阳光厨房三种展现形式。透明厨房是餐饮服务单位采取透明玻璃幕墙、隔断矮墙、设置参观窗口等有效方式，使消费者能够直接观看餐饮食品加工制作过程。另一种是视频厨房，餐饮服务单位在食品加工制作场所安装摄像设备，通过视频传输技术（无线或有线）和显示屏，使餐饮服务单位食品安全管理人员和消费者能够实时观看餐饮食品加工制作过程。最后一种是阳光厨房。阳光厨房是采用全高清视频解决方案，将后厨的高清视频回传至市食药监局监管指挥中心，通过统一管理平台管控后，将部分数据在公众视频网络中公开展示，潍坊市食药监局监管中心全程管控、调度，被监管企业以及广大老百姓可以通过互联网、手机、电视等多种渠道观看厨房视频，起到食药监局监管、社会大众监督的作用。潍坊市已在主城区建设阳光厨房 300 家，2018 年在此基础上继续向各县市区延伸，力争到 2019 年年底全市阳光厨房达到 800 家。

最后，食药安全溯源服务扎实推进。

第一，食品生产和流通电子监管。（1）生产环节。潍坊市在食品生产企业中推行以条形码、二维码、自编码和追溯卡为载体的电子信息追溯。在乳制品行业，潍坊市要求乳制品企业建立乳制品电子信息记录系统，将规定的关键工序或关键控制点形成的信息实现电子化记录和传输，实现对原辅料供应商、生产过程控制指标、质量责任人员等信息的追溯查询功能，复现企业生产信息、产品检验过程信息，实现产品可追溯。全市 7 家乳制品生产企业已全部建立电子信息记录系统。（2）流通环节。潍坊市要求食品经营企业通过电子信息系统记录商品名称、生产厂家、生产日期、保质期等相关信息，完善索证索票制度。目前，中百佳乐家、泰华福乐多、银座商城、丰华超市、中百超市、家家悦超市、全福元超市、利群超市等多家超市实现电子化信息管理。同时，实现部分食品代理商使用电子信息化管理，详细记录了食品的商品名称、生产厂家、生产日期、保质期、购货方等信息。（3）餐饮服务环节。潍坊市市区已有 50 多家餐饮服务单位与商务部门肉菜追溯体系成功对接。同时，潍坊市专门出台了推进肉菜追溯体系建设的工作方案，督促各县市区积极参与，抓好动员、培训和接入工作。全市部分生猪屠宰企业、大型食品批发市场、大型食品超市和餐饮单位100多家已纳入该追溯网络。

第二，药品生产和流通电子监管。潍坊市按照《国家药品安全“十二五”规划》提出的“完善覆盖全品种、全过程、可追溯的药品电子监管体系”工作任务，认真贯彻落实国家《2011—2015年药品电子监管工作规划》，药品企业参与国家食品药品监管局电子监管网的入网率在90%以上。（1）药品生产环节。实现电子监管全品种覆盖的药品制剂生产企业为11家，其中10家为基本药物生产企业，已加入中国药品电子监管网，所有在产基本药物实现赋码生产。（2）药品市场环节。潍坊市44家药品批发企业已有43家实现电子监管，另有1家正在办理入网手续；全市64家连锁总部、2152家连锁门店、811家单体药店已完成零售企业入网导入模板数据填写，待统一导入中国药品电子监管网后将全面展开入网工作。实现了可通过电话、短信、微信、二维码等查验方式，自主查询产品真伪、物料来源、会员积分、产品价格、生产期、查保质期、经销商、商品码等方面的综合信息。

同时，潍坊市还制定了《实施药品生产全品种电子监管工作推进方案》，签订了《药品制剂全品种电子监管承诺书》，加大对药品制剂生产企业实施电子监管的督促检查力度，未按规定时限进行电子监管赋码的在产药品制剂品种一律不得上市销售。

9. 教育领域

首先，教育信息化应用步伐加快。

第一，加快教育城域网建设，实现全市学校“百兆校校通”。2002 年开始搭建全市教育城域网，到目前所有学校已经全部入网。2013 年年底完成了全市城区学校、乡镇驻地以上学校百兆校校通接入工程，2014 年年底教育专网提速增效改造工程顺利完成，中小学全部实现光纤 100 兆以上宽带网络校校通、网络多媒体教学设施班班通，教育专网市县骨干线路实现双千兆光纤传输，支持万兆升级，市、县中心互联网出口带宽达到千兆，县市区学校光纤直连县市区中心接入，全网络实现光纤化。

第二，完善基础设施配备，“班班通”多媒体设备覆盖率达到 100%。2011 年完成全市所有学校班级的多媒体教学设备配备，“班班通”多媒体教学设备覆盖率达到 100%。到 2017 年上半年，全市配备电子白板教室 2483 间，多媒体投影教室 18002 间；教学用机达到 199502 台，教师人手一台；学生用机总数 76629 台，生机比达 9∶1，超过省标准配备要求；建成录播教室 64 座，城乡一体化数字录播系统硬件框架已基本完成。

第三，建设教育部试点“潍坊市数字教育应用服务平台”，提升优质教育资源整合共享能力。2009 年，建设教育部试点项目——潍坊市教育应用服务平台，实现了“一点登录，全网通行”，解决了应用平台重复建设、农村学校和较小学校无力建设的问题，有力推进了城乡教育均衡发展。2014 年，全面升级了平台的基础架构，新增数据填报平台、网络云盘、智能终端移动办公等模块，具备内部办公、教育管理、网络教研、网络培训、教育即时通、教育资源、数字图书馆等多种功能。到目前，潍坊市数字教育应用服务平台现已在全市教育系统运行推广，实现了市、县、校等各级各部门之间的网络交流、网络管理、同一数据库、资源共享，开辟建设城乡一体化数字化校园的有效载体，基本满足了全市广大教师和学生教育教学的需求。目前注册账户 101434 人，其中注册学校数 1598 个、班级数 2792 个、教师数 86057 个、学生数 12433 个、家长数为 2944 个，成为全省覆盖面最广、注册人数最多的区域性教育应用服务平台。

其次，教育资源均等化成效凸显。

潍坊市认真贯彻落实《中共中央关于全面深化改革若干重大问题的决定》中关于“构建利用信息化手段扩大优质教育资源覆盖面的有效机制，逐步缩小区域、城乡、校际差距”的精神和要求，深化文化教育服务，推进优质资源共享，积极推进教育平台建设，提升市、县、校三级系统的资源整合和共享能力，促进已有资源效益最大化。

第一，创新优质教育资源共享模式。潍坊市建设应用的潍坊市数字教育应用服务平台利用网络教研、教育资源、数字图书馆三大模块实现优质教育资源共享，有力推进了城乡教育均衡化发展。

第二，建设网络学习空间云数据平台。建成供全市 10 万教师交互共享的网络学习空间云数据平台，每一位中小学教师在数字教育应用服务平台上享有一个独立的、交互式的网络学习空间，在网上实现网络教研、自主学习、教学资源共享等功能。基本完成“网络空间人人通”建设。

第三，建成中小学数字教育云资源平台。在县市区、学校广泛开展基于云资源平台的市、县、校三级资源管理、审核上传、分级共享的资源应用模式，初步实现了全市数字教育资源规范化管理、“一站式”登录，形成了基于网络的市、县、校三级资源共建共享机制。开发了新版小学语文、英语及初中英语电子书包，并向全市中小学师生免费推广应用账号近 30 万个，惠及 20 多万师生，尤其是在农村中小学取得了明显的教学效果。

第四，积极引进教学急需的工具平台和资源。结合全省电教教材征订工作，围绕重点项目和基层中小学需求，先后引进了《3D 智能化教学助手与工具平台》《微课教学平台》《交互式多媒体课件制作发布平台（电子白板）》《视频点播系统——微课程资源》《名师课例库》等多种教育软件，进一步提升了全市网络环境下多媒体课堂教学和学生在线自主学习水平。

最后，教育管理服务进一步提升。

第一，搭建政务公开、学校安全系统平台，及时准确公开教育系统网上资源。一方面，认真贯彻落实《中华人民共和国政府信息公开条例》要求，在教育系统网站重要位置及时准确公开政府信息公开制度、信息公开指南、信息公开目录、网上申请等信息。潍坊市教育局机构信息与联系方式、领导成员及工作分工信息、人事信息、教育经费及重大事项招标采购信息、教育统计信息、教育局公文、工作规划、计划、总结等重大事项及时向社会公开发布。另一方面，学校与政府主管部门信息系统基本实现100%覆盖。建设潍坊教育信息港网站，对接整合连接各县市区教育局网站以及市直属单位和学校网站，发布组织机构、工作计划、总结、工作文件、统计信息等，自2012年以来共发布教育工作动态信息4000余条，政务公开信息累计30000余条，很好地宣传了全市在教育改革发展中的典型经验，促进了教育科学发展。

第二，建成全市教育统一的视频监控互联互通平台。潍坊市2014年开始实施校园视频安全监控全覆盖工程，建成全市统一的视频监控互联互通平台，连接市、县、校三级监控中心，实现了全市 1054 所中小学、7985 处重点部位监控点的覆盖，并与市公安局海康视频监控管理平台相连接，实现了教育、公安两部门的视频信息实时共享和轮巡查看，24 小时全天候实时监控，安全视频图像记录存储时间达到 30 天以上，为平安教育和平安学校建设提供了坚实的基础保障。在市、县两级部署视频会议系统，部分重点学校安装视频会议硬件终端，其他学校安装视频会议软件终端，建成全市教育系统内部的高清视频会议系统，实现了内部会议的网上直播和交流互动。

第三，创新教育管理，开展新应用。结合潍坊市教育管理的需求，开发完成了潍坊市初中学生综合素质评价平台、潍坊市学校卫生综合管理信息平台，初步实现了潍坊市初中学生综合素质评价、中小学生体质健康档案与近视防控数据管理规范化、信息化和程序标准化，达到国内领先水平。

10. 基于“潍 V”的民生服务体系

潍坊市民通过“潍 V”手机 APP 即可享受医院挂号、图书借阅、无线热点、公交到站查询、校车监控、电子门票、扫码骑乘公共自行车等 20 多项民生服务。

其中，“潍 V · 生活缴费”创新打造以手机 NFC（近场支付）功能为支撑的全虚拟化市民一卡通，实现市民日常购物、充值、医保、水电气等生活缴费，各项公共事业缴费及公交车、出租车、公共自行车的手机便捷支付，让市民享受“出门不用带钱包，理财不用跑银行”的便捷服务。

“V 热点”为市民提供免费无线城市网接入服务，市民可以在城区主要道路周边和重点商圈、学校、医院、广场等公共场所便捷享受上网服务。

“潍 V · 掌中宝”和“潍 V · 校车”让家长通过手机可随时观看孩子在幼儿园及校车内的实景视频，了解孩子每日食谱、上下校车及到校离校记录，还可即时与幼儿园老师沟通，真正让家长放心。

“潍 V · 健康宝”为市民本地就医提供手机预约挂号、查看诊断报告、支付诊费等服务。同时，接入互联网医院，使市民足不出户即可享受国内名院名医在线健康咨询、专家问诊、在线药房等服务。

“潍 V · 景区”为居民（游客）提供智能出行及景区周边服务设施查询、智能导游、电子门票等服务。

“潍 V · 购物”集合了超市、商场、社区商店的米、面、油、肉、果蔬等生活快销品，构建了市民半小时便捷生活圈。

“潍 V · 公交车”为市民提供公交线路及实时公交到站信息查询。

“潍 V · 骑行”实现了城区公共自行车手机扫码骑

乘，自上线以来提供近千万人次骑乘服务，减少碳排放约 2190 吨。

“我的 E 天”搭建了市民智慧生活场景，完善生活服务类信息交互功能。

“潍 V·社区”实现社区、物业信息发布，物业、水电费缴纳，物业报修和信息交互等功能，居民不管是在家还是在外，都可以通过手机远程缴纳物业费、水电费，申请物业报修，极大方便了居民生活。

### （二）综合服务能力显著增强

1. 集约化服务能力明显增强

首先，提升“一站式”服务水平。

第一，打造市、县两级统一的审批服务平台，实现行政审批事项100%网上办理。潍坊市高度重视行政审批事项改革工作，按照《潍坊市 2015 年网上审批工作方案》的有关要求，在加强实体大厅建设的同时，依托统一的电子政务网，强化纵向联通和横向集成，建设了市、县两级统一的网上审批服务平台，并将服务延伸到镇街和社区，建立起虚实结合、虚实运行、系统整合的“双轨运行”机制，实现实体大厅与虚拟大厅有机融合，确保让数据多跑路、让群众少跑腿，实现行政审批服务事项网上咨询、表单下载、远程申报、在线受理和实时查询基本达到100%，让基层和群众享受到更为优质便捷的服务。

第二，精心设计“中国潍坊”政府门户，实现“一站式”服务。潍坊市通过开展事项梳理、流程再造，充分整合了全市范围内所有政府办事服务资源，打造“中国潍坊”政府门户网上办事大厅，实现了所有惠民公共服务的“一站式”服务。通过设立场景式“办事服务”大厅，与所有政府部门相链接，开发劳动就业、企业开办、交通出行、养老保险、公安便民等多种服务，为个人、企业和部门等不同用户群体提供快捷、人性、清晰、准确的网上办事服务，为投资者、老幼病残、军人、农民、学生、外国人开辟绿色通道。目前，可提供办事指南、表格下载、在线预约、在线办理、状态查询、咨询投诉及常见问题等各种服务，并汇总各部门办事结果信息，为公众提供统一的办理结果网上查询服务。

第三，依托全市统一的数据共享交换平台，打造“一窗式”办理。依托“潍V·政务厅”，连通市县两级政务服务中心，将全市60多个部门的实时服务搬到云上、移到手机上，促进了政务公开，实现了政府负面清单、权力清单和责任清单的透明化管理，创新了政府管理与服务。

其次，依托12345服务热线，及时反馈市民诉求。

潍坊市12345市长公开电话自2003年投入运行以

来，电话受理中心依托先进的办公平台、优质的服务理念和持续的改革创新，已接听群众来电超过700万人次，平均每天处理群众来电1200多人次，高峰期达5000余人次，办结率和群众满意率都在98%以上，反馈率100%，得到了广大群众和社会各界的普遍认可和信赖，社会影响力和知晓度不断扩大。

2016年，为进一步强化社会治理和公共服务，中共潍坊市委办公室、潍坊市人民政府办公室关于印发《潍坊市政务服务热线整合建设方案》的通知，按照通知要求，潍坊市充分整合了市直相关部门（单位）的热线服务资源，升级改造12345热线号码平台，构建了“统一受理、分类处置、定期评估、持续优化”的12345市政务服务热线平台，实现了全市热线号码“并行呼入、统一受理”。科学制定了受理、交办、督办、反馈、回访、办结等热线工作流程，建立健全了“统一受理、分类处置、综合研判、全程督察、按时回访”的运行机制，全方位、全天候、高质量地受理群众诉求、接受举报投诉。

市政务服务热线受理中心实行24小时值班制度，并通过语音电话、短信平台、互联网网站、微信、“潍V”手机APP等方式，集中受理群众的各类咨询救助、投诉举报、批评建议等民生诉求，限时办结，制定《潍坊市政务服务热线管理规定》，保障受理、交办等各项工作有序有效运行。同时，建成集呼叫、受理、知识库、考核评价、结果反馈、分析研判于一体的政务服务云平台，通过电话、网络、微信、短信等多种渠道为群众提供“一站式”综合服务，并面向市级领导、县市区政府、市直部门、社会群体以及被投诉对象等，实时动态地提供投诉重点分布、办结率、满意率等数据服务。

2. 延伸化服务能力不断拓展

潍坊市在推进信息惠民工程过程中，高度重视推动公共服务事项和社会信息服务向基层延伸。市政府明确要求，加强统筹有序开展信息惠民城市试点工作，各县市区大力推进县级电子政务网络与市级网络对接，制定的信息惠民城市相关建设规划以及智慧制造、地理信息、智慧交通、智慧社区、智慧教育、智慧旅游、智慧物流等加快向镇（街道）、村（社区）拓展，推动政务服务向基层延伸。

首先，行政审批和公共服务事项延伸到社区。

建设市、县两级统一的网上审批服务平台，实现市、县、镇三级“网上联审联办”，并将服务延伸到镇街和社区，梳理市县均可办理的行政许可事项 172 项，办事人可以就近进行审批业务办理。同时，为方便群众办理公共服务事项，在全市 1240 个城市社区和农村社区建有“一站式”服务大厅，30 余项事项可在社区办理，“1 公里政务便民服务圈”基本形成。通过实行“多点受理，综合接件，一站办结，全城通办”，群众足不出户就能在网上提交申请，足不出村（社区）就能“一站办结”，全城任意网点均能就近办理，确保了就近办事、就近服务。

其次，部署全民城管社区服务终端。

积极开展社区服务，在全市 100 个居民小区试点安置了全民城管社区服务终端，可实现市政公用信息、公交出行线路、公共自行车、周边兴趣点等公众信息的查询。市民通过社区服务终端可以对城市管理问题进行采集上报，并可对城市管理问题的实时上报、处置及处理信息进行查询。推进“智慧潍坊”建设，在全市 219 处重要站点设有智能终端，公共自行车卡挂失等 23 项事项可通过手机 APP 远程办理。

再次，无线城市网建设工作正式启动。

以合同能源管理（EMC）方式，结合城区 LED 路灯升级改造，通过在路灯上加装“超级 Wi-Fi”设备，构建覆盖市区、标准统一、管理规范和安全可控的无线城市网，为市民提供免费 Wi-Fi 服务。目前，免费 Wi-Fi 已覆盖人民广场、风筝广场、鲁台会展中心等公共场所，实现了胜利街、东风街、福寿街、东方路、新华路、四平路、和平路 7 条主要道路及部分公共场所免费 Wi-Fi 覆盖。将实现城区免费无线城市网全覆盖，同时开展基于无线宽带网络的信息惠民、便民和兴业应用。

然后，惠民公共服务“一网通办”。

依托“中国潍坊”网上办事大厅，为个人、企业和部门等不同用户群体提供快捷、人性、清晰、准确的网上办事服务，实现惠民公共服务“一网通办”。

最后，设立农村信息服务站。

潍坊市80%以上的镇街设立了与农业综合服务中心合署办公的农业信息服务站，专兼职农业信息人员287人，各农村社区、行政村、农产品加工龙头企业、农村合作社、农产品批发市场的各类农村信息员已达9800余人。基本建成了以潍坊农业信息网市级平台为龙头，县（市、区）农业信息网络为骨干，向下延伸到乡镇、农产品批发市场、农业产业化龙头企业和一部分村、户的农业信息网络服务体系。

3. 多渠道服务能力持续强化

首先，建设“网上政务厅”，实现市、县、镇三级“网上联审联办”。

潍坊市在加强实体大厅建设的同时，充分运用云计算、大数据、移动互联网等新一代信息技术，拓宽服务渠道，整合政府资源，市、县两级分别建立行政服务大厅。整合已有的“协同办公”系统和“网上审批系统”，创新建设“网上政务厅”，建立起虚实结合、虚实运行、系统整合的“双轨运行”机制，实现了企业、市民和政府部门的网上实时沟通，促进了阳光政务的开展。

其次，开通12316“三农”服务热线，惠农成效显著。

潍坊市在2008年开通了12316“三农”服务热线，主要受理农资打假投诉举报和农业技术咨询。全市12个12316“三农”服务热线值班室每年接听12316服务热线电话5万多人次，解决各类问题3.5万多个；寿光、诸城、昌乐、安丘等县市区每年通过视频解答群众咨询3万人次，解决各类问题2.4万多个。12316已成为农民的贴心助手，深受广大群众的喜爱。

再次，建设“潍V”掌上政务厅，实现手机“一站式”。

整合50个部门2000余项政务服务和9类400余项公共企事业单位服务事项，开辟了手机APP网上行政审批和政务沟通新渠道。以“潍V”手机APP为载体，将全市50多个部门及水、电、气等10个便民服务单位2000余项政务服务事项整合至“潍V”掌上政务厅。开辟了手机“一站式”行政审批办理新模式，以“数据多跑路”实现了“群众少跑腿”，降低了市民和企业办事成本。2016年掌上政务厅回复各类政务咨询、投诉和建议8000多条，行政审批服务事项网上办理率 100%，群众满意度达到 100%。

然后，优化部署自助智能终端。

潍坊市在行政服务大厅设有自助终端办理设备，实现与取号系统、审批系统的自动关联。市民在自助终端填写好信息后，系统会自动推送到办件窗口，窗口自动调取，提高办事效率，极大地便利了民众和企业。以前，要填写多份表格，次数多了，容易填写错误，导致多次返工，既耗时又费纸。现在有了自助便民服务终端更加方便，不到一分钟信息全部填写完毕。

最后，大力推广微信服务。

潍坊市推出了潍坊市社会保障卡微信公众号，用户只需验证身份证号、社保卡号等信息即可完成绑定。截至 2017 年上半年已有 28291 个微信用户手机绑定，46100 人添加关注。同时，潍坊市各县市区也开通了各自的微信公众号，为广大群众提供更加差异化的本地服务，昌乐县、高密市等县市区更是通过微信公众号实现了就业人员缴费，居民医疗、养老缴费等，为人民群众带来了极大的方便。

4. 主动服务能力加速提升

潍坊市正在积极推进大数据发展，成立潍坊市大数据运营公司，进行大数据交易和应用，开展大数据公共服务平台、大数据交易平台、智慧医疗提升、城市运营大数据平台等重点项目建设，解决各级各部门履职过程中信息不共享和政务数据难以有效归集等问题，真正形成统一归集、跨界融合和具有鲜活度、使用价值高的城市级数据宝藏，开展跨领域、跨渠道的综合分析，为群众提供个性、精准、主动的政务服务。

例如，开展民意大数据分析，促进政府科学决策。以解决群众“记号难、办事难、投诉难、举报难”问题为目标，运用大数据和云计算技术，整合12345 市长热线、12319 市政服务热线和其他热线号码资源，构建“统一受理、分类处置、定期评估、持续优化”的政务服务热线。除此之外，群众还可通过登录“潍 V”APP，随时随地向热线反映问题和诉求，利用网络平台及时回应社会关切，畅通市民网络诉求渠道。在此基础上，通过对民意大数据进行分析、综合研判和溯源问责，提炼、发掘公众需求，打造社情民意综合分析“最强大脑”，增强政府政策制定、决策评估的针对性，通过大数据开放利用开辟惠民新通道。

再如，潍坊市建设智慧潍坊运行指挥中心，通过整合数字城管、应急联动、智能交通、环保监测等相关信息系统，集便民服务、城市管理、政府治理、执法监督和应急指挥于一体，开展大数据分析和决策支持服务，实现城市管理的精细化、动态化、科学化。

### （三）公共服务满意度进一步提升

1. 政务服务群众满意度逐步提升

首先，委托第三方机构每半年开展一次政务服务满意度调查。

为进一步了解民生需求，明确建设成效，从而更好地指导信息惠民和“互联网 + 政务服务”工作开展，潍坊市委托第三方机构每半年对全市各级政务服务工作满意度情况进行抽查回访，并将抽查回访情况纳入全市政务服务工作考核，将其作为改进全市政务服务工作的重要依据。2017 年上半年委托市社情民意调查中心对全市随机抽取的 3000 名办事群众政务服务群众满意度进行了测评，测评显示，全市政务服务工作群众满意度达到 97.18%，同比提高 0.6 个百分点。

其次，在全省率先建立了政务服务工作回访制度。

为不断提高全市政务服务工作质量和水平，更好地服务全市经济社会发展，潍坊市在全省率先建立了政务服务工作回访制度。

第一，回访实现全覆盖。组织全市各级政务服务部门通过各种回访形式对办事群众实现了全覆盖回访，详细了解办事群众对全市政务服务工作的满意情况以及对改进政务服务工作的意见建议。

第二，建立满意度抽查回访和考核机制。每半年委托第三方机构对全市各级政务服务工作满意度情况进行抽查回访，并将抽查回访情况纳入全市政务服务工作考核，将其作为改进全市政务服务工作的重要依据，通过回访制度的建立，全市政务服务群众满意度不断提高。

第三，实施政务服务质量再提升专项活动。针对上半年抽查回访发现的问题，以市政府名义印发了政务服务质量再提升专项活动实施方案，组织在全市开展政务服务质量再提升专项活动，活动自 2016 年 10 月开始至 2017 年 12 月结束，以切实解决群众反映最强烈、最迫切的政务服务问题为切入点，转变工作作风、完善政务服务体系、严格落实各项制度、优化政务服务流程、强化政务服务监督，不断提高政务服务群众满意度，营造全市一流的政务服务环境，更好地服务全市经济社会发展。

2. 群众安全感满意度明显提高

潍坊市始终坚持把提升群众安全感作为市政府工作的重要内容，高度关注事关群众切身利益的违法犯罪活动，2017 年创新推行“平安指数”工作机制，全市万人治安案件发案率同比下降 10.479%，36.6% 的村居、56.7% 的小区实现“零发案”，进一步增强了群众的安全感。

### （四）惠民信息共享实现突破性进展

1. 信息资源开发利用成效显著

首先，基础信息资源利用效果凸显。

建成了市级人口、法人、空间地理信息资源库，启动了全市电子证照库建设。

人口库是存储、管理市民有关共享公共事务信息的数据库，采用国务院信息化工作办公室、国家标准化管理委员会制定《政务信息资源目录体系》国家标准，按照“一数一源、多元采集，动态更新、共享校核”原则建设。其主要功能是记录市民的基本信息以及政府面向市民进行公共服务和社会管理服务的各种专业共享信息。依托潍坊市电子政务外网，建成了全市信息资源共享交换平台。目前，已有市发改委、市公安局、市民政局、市财政局、市人社局、市国土局、市住建局、市卫计委、市工商局等多数市直部门接入，形成了人口库、法人库、地理信息库和经济运行库和专题库，累计数据总量数亿条，现在各部门按照约定的更新频率定期提报数据，平台的数据总量在持续增长。

法人库是工商行政管理部门的基础数据库，也是工商行政管理部门开展全程电子化监管工作的基本依托。企业法人库由中央和地方共同建设，主要分为国家、省两级，地市为省平台的延伸。目前潍坊市已初步建立了法人时空数据库，法人时空数据库是由多部门联合共建、共享的数据库，它是加快推进政务信息整合，实现信息资源共享的重要内容。集成由市工商局、质检局、民政局、编委等部门提供的全市法人单位46万个上图，形成法人数据时空数据库。法人时空数据库应用包括政府部门应用和社会应用两个方面。政府部门应用面向市政府各部门提供服务接口，供有法人单位信息需求的政府部门调用，旨在加强部门间的信息共享和联合监管；社会应用面向公众等个人用户，提供法人单位信息查询和统计分析服务。

建设完成了潍坊市统一、权威、通用的地理信息数据库。通过建设全市地理信息数据库，有力支撑了公安、规划、市政等22个部门的近60个业务系统的地理信息应用，形成了全市“一张图”的地理信息建设与应用架构。此外，基于全市地理信息数据库，潍坊市应急联动和社会综合服务系统整合了市政、交警、环保、水利、教育、监察等部门的535路监控视频资源，能够随时进行应急指挥调度和提供社会公共服务。

潍坊市利用已有的信息资源目录管理系统，启动了居民电子证照目录编制及电子证照库建设。对教育、医疗卫生、社会救助、社会福利、社区服务、婚姻登记、殡葬服务、社会工作、劳动就业、社会保障、计划生育、住房保障、住房公积金、公共安全等涉及群众办事的政务服务事项，逐项开展证照梳理，并基于已有的人口库、法人库等，选择不少于10类与公民密切相关的、常用的证照进行信息采集，逐步完善电子证照库。

其次，基础信息利用成果凸显。

第一，基于信息资源共享交换平台，建成了两个专题应用。包括基于空间地理信息的人口信息共享管理系统和基于空间地理信息的综合财税共享管理系统，形成了潍坊市人口专题库和财税专题库。市发改委和国土局共享使用了平台人口库和财税库的相关数据。实现了企业基础信息数据、审批与电子监察数据、城市运行监测数据的交换与共享，已为市公共行政服务中心、公安、国土、工商、国税、地税、经信等部门交换数据520多万条，数据量约120GB。

第二，建成地理信息公共服务平台。为城市管理、规划管理、国土资源管理、智慧城市、社保、农业、教育、旅游、水利、物流等38个部门的80多个业务系统提供了地理信息共享引用服务，实现了与国家、省、县的纵向联通及与市级多部门的横向联通，建立了基础地理信息数据联动更新机制，信息资源得到了充分共享，在推进信息惠民、服务政府科学决策、城市管理服务等方面发挥了重要的作用。

再次，业务信息资源共享开展顺利。

第一，建成了全市统一的信息资源共享交换平台。为实现政府各部门数据共享交换、部门业务协同和提高部门行政管理水平，依托潍坊市电子政务外网，建成了全市信息资源共享交换平台，建设了目录管理系统、数据交换系统和交换流程管理系统。目前，平台已接入部门、单位 20 多个，汇集数据总量 6000 多万条，数据交换总量达 1.1 亿条，为部门间业务协同和提升“互联网 + 政务服务”水平提供了基础支撑，被省确定为政务信息资源共享交换试点城市。通过数据抽取、比对后，人口库已归集数据 900 多万条，法人库已归集数据近 30 万条，梳理完成各部门 100 多个证照的资源目录。现在各部门按照约定的更新频率定期提报数据，平台的数据总量在持续增长。现有市发改委、市公安局、市民政局、市财政局、市人社局、市国土局、市住建局、市卫计委等多数部门接入平台，已有市发改委、市公安局、市住建局、市民政局、市国土局、市工商局、市质监局等单位签署了相关数据共享协议，正式通过平台进行了部门间的数据共享交换业务。

第二，行政审批事项信息共享取得突破。完善市级网上审批系统，建立全程网上审批“快速通道”。将市县两级部门的事项受理、办理、反馈、监督融为一体，梳理规范县市区初审上报、市级审核的各类事项1036项，打造“全市一张网”，实现网上办理事项信息、公众申请信息及业务办件等信息的实时交换和共享。

第三，业务信息资源共享利用成果凸显。

（1）依托信息资源共享交换平台，潍坊市社会信用管理平台、居民低保信息核对系统等项目顺利推进，在避免了数据交换层软件重复开发的同时，显著提高了部门间信息共享程度，实现了20多个部门征信和人口信息的交换。

（2）社保数据实现跨部门、跨层级共享。与公安部门共享个人照片数据的基础上，建设新版数据交换接口进行数据共享，每天可从市公安局获取5000条个人基本信息，共提供照片1200余万条，签发机关户籍地址信息1300余万条。与民政部门共享参保人员的死亡信息，共获取自2014年1月至2016年2月共计121899条殡葬数据，避免社保基金冒领。

（3）建设全市社会图像信息资源共享平台。为解决全市视频监控信息资料共享共用问题，实现跨地区、跨部门视频资料的查询、浏览、调阅、下载、研判等深度应用提供基础平台功能服务，为其他业务系统提供统一的视频服务接口。

（4）养老信息实现多方共享。根据90%以上的老年人居家养老的现状，加强养老服务信息平台与社区信息化服务平台之间的数据互联共享，及时更新社区居家老年人基本信息，借助社区活动室、卫生室等公共服务资源为老年人提供更加优质的养老服务。

（5）智慧潍坊时空信息云平台实现多方数据共享。2015 年 3 月，潍坊市政府通过山东省测绘地理信息局向国家测绘地理信息局提出申报智慧城市时空信息云平台试点的申请。2015 年 6 月，国家测绘地理信息局下发《关于智慧潍坊时空信息云平台建设试点项目立项的批复》（国测国发〔2015〕13 号），同意智慧潍坊时空信息云平台建设项目列入 2015 年国家测绘地理信息局试点计划。2016 年 3 月 25 日，国家测绘地理信息局在济南组织召开了《智慧潍坊时空信息云平台建设试点项目设计书》评审会，与会专家一致同意通过评审。

为大力开展地理信息公共服务平台和智慧潍坊时空信息云平台的推广应用，市政府专门出台了《〈关于推广应用数字潍坊地理信息公共服务平台〉的通知》，召开了新闻发布会，举办了培训班，市本级平台应用范围逐步扩大，先后在城市管理、规划、国土、经信、社保、农业、教育、旅游、水利、物流等 53 个部门 100 多个系统得到广泛应用，据不完全统计，这一平台为市财政节约了财政资金 1.9 亿元。

在推广市本级平台的同时，全市 12 个县市区有 110 多个系统得到应用。例如，诸城有恐龙公园，依托平台建立了山东诸城恐龙地质公园地理信息系统；青州有花博会，依托平台建立了花卉产业地理信息服务平台；昌邑有苗木博览会，依托平台建立了苗木管理交易系统。

在 2017 年浙江嘉兴智慧城市时空大数据与云平台建设推进工作会上，全国 12 个城市的 40 多个时空大数据与云平台试点参与评比环节，智慧潍坊时空信息云平台建设获得第 3 名的好成绩，受到了国家测绘地理信息局和山东省厅有关领导的好评。

（6）潍坊市不动产登记信息管理平台成效显著。2017 年度完成了潍坊市不动产登记信息管理平台的建设任务，五大系统均已上线运行。

①不动产权籍管理系统。该系统实现了不动产登记数据的数据库建设、数据检查、更新维护等管理功能，满足了登记数据的日常维护要求，并为后续林业、海域数据入库管理预留了接口。

②不动产登记业务管理系统。经开展需求调研，进行流程整合再造，建成了覆盖和支撑全市 4 个行政区、5 个开发区的 9 个分中心，涵盖土地、房产、林木、海域四大类 180 多个登记类型的不动产登记业务管理系统，系统自上线以来运行良好。截至 2016 年 12

月，系统共受理不动产登记业务 59199 件，登簿 48209 件，发放不动产登记证书 19764 本、不动产登记证明 10760 份。

③不动产登记档案管理系统。已根据需求调研进行了系统开发建设，功能满足了日常业务办理档案资料的管理需要，当前系统正在测试运行。

④不动产信息共享服务系统。根据工作实际需要，本年度完成与住建房产交易系统接口开发，实现了交易数据和登记数据的实时共享，满足日常业务办理需要。完成了国家不动产信息管理平台的接入工作，实现了下与 9 区 8 市（县），上与国家不动产登记信息平台的对接，登记数据实时上报。此外，法院对接接口已开发完毕。

⑤不动产登记监管查询系统。按照国家信息平台接入工作要求，建立了市级不动产登记信息数据库，搭建了监管查询系统，能够实时对全市登记信息进行汇总、查询分析和监管。

（7）潍坊市扶贫开发综合服务平台。为打赢脱贫攻坚战，实现精准扶贫、精准脱贫，结合潍坊市推进智慧城市应用项目建设，借助“互联网 +”、大数据和云计算技术，将“扶贫工作”与“互联网 +”“智慧城市”有机结合，打造全市统一，涵盖市、县、镇、社区四级应用网络的智慧扶贫综合服务平台。

本平台主要功能包括扶贫对象、扶贫主体、攻坚地图、数据比对、贫困程度判断、OA 协同办公六大功能。系统涵盖4018 个村、3.3 万贫困户、6.7 万贫困人口详细数据，各驻村工作队、驻村第一书记、公益慈善机构、各类爱心企业等基础信息，形成了规范、统一、标准、权威的贫困户“基础信息一张表”，精准锁定贫困户基本信息，并根据贫困户自身情况，实施精准施策、精准帮扶。攻坚地图模块调用“智慧潍坊”时空信息云平台的二三维 GIS 地图数据，对 4018 个村、3.3 万贫困户精准定位、检索、统计和分析工作，实现基于空间位置的可视化扶贫管理和服务，提供扶贫决策工作的重要参考依据。

系统支持跨平台数据共建共享，通过开放第三方接口，预留与智慧办共建交换平台对接，实现与民政、人社、公安和国土等部门信息共享；在国家、省级扶贫平台数据标准上增加了十几个“涉贫”属性字段，做到相互兼容，扶贫数据实现一次性采集，避免多次重复采集。

最后，信息资源开放与开发进展较快。

对共享平台已汇集数据进行深入分析，积极发挥共享平台数据的利用价值。从不同维度对数据进行挖掘，为相关部门政策的制定和落实提供了切合潍坊市实际的充分依据。

例如，对市民政局的低保人口数据与市公安局的机动车辆数据进行比对分析。通过共享平台汇集的全市低保人员（共 148608 人）信息与拥有机动车辆人员信息进行比对，发现全市享有低保的人员中有部分低保人员拥有机动车辆，将这些低保人员从所属地域、车辆购买时间、拥有车辆类型等维度做进一步分析，通过全市低保人员与拥有机动车辆的比对分析，可以全面掌握低保人员拥有机动车辆的情况，相关部门也可以进一步查询拥有机动车辆人员的姓名、家庭住址等详细信息，为充分发挥低保的社会救助功能、推进低保工作健康有序运行提供数据支持。

充分利用移动互联、数据分析、信息聚合、推送定制等新兴技术理念，从用户体验角度出发，完善了“中国潍坊”政府门户网站的互动型、数据型、应用型、定制型等功能。一是整合市长公开电话、审批咨询、微博、微信等渠道，提升了政民互动效果。二是及时公开政府经济、行业、统计等数据，稳步推进政府“数据公开”。三是整合行政审批和便民服务资源，提高了在线办事和公共服务能力。四是利用 WEB 2.0 技术理念，实现了用户自主定制网站功能和信息服务，顺应了“互联网 +”的发展潮流。

2. 信息共享配套支撑体系逐渐完善

首先，建立和完善信息共享管理举措。

第一，出台文件规范和促进政务信息资源共享。市政府分别印发《关于开展政务信息资源目录梳理工作的通知》《潍坊市市级信息工程建设管理办法》《关于成立市政务信息资源共享工作协调小组和工作小组的通知》和《关于进一步加强市级信息工程建设管理的通知》等一系列管理办法和通知，完善信息惠民项目在信息共享方面的管理机制和措施，规范和促进政务信息资源共享。主要政府序列部门信息资源目录建立和共享比例超过81%，在宏观决策、信用信息、食品安全、旅游服务、应急处置、安全生产等多个领域实现了政企合作的基础信息资源开发利用。

第二，强化论证、考核、资源整合。按照全市信息化建设规划和《关于进一步加强市级信息工程建设管理的通知》中提出的“共建共享共用、互联互通、防止重复建设”的原则，组织第三方权威机构对项目进行论证审核。做好信息资源整合，项目工程立项、绩效管理和验收时，将信息共享作为重要考核内容。规定信息工程建设原则上要以全市统一的政务云平台为依托，产生的信息资源须按照《保密法》《政府信息公开条例》和《潍坊市市级信息工程建设管理办法》等法律法规的规定，整合到政务云平台中，实现信息资源的共建共享共用。

第三，签署信息共享协议。按照《潍坊市政务信息资源共享交换平台使用管理规范》第十一条，通过平台开展政务信息资源共享交换的资源需求方和资源提供方，应与平台建设管理方签订三方协议《潍坊市政务信息资源共享合作协议》，视同供需双方达成资源共享意向。目前，潍坊市发改委、市公安局、市民政局、市财政局、市人社局、市国土局、市住建局、市卫计委等20多个部门已接入平台并签署了相关数据共享协议，确定了各部门信息共享的责任、权利和义务，并逐步实现业务协同，提高行政效率，方便市民办事。

第四，大力推行集约化建设。本着“整合优化、集约共享”的原则，潍坊市组织专家审核各部门信息化建设项目260多个，减少财政重复投资3亿多元，避免了十多个独立机房的重复建设。同时抓好对已建项目的验收工作，有力促进了全市信息化集约有序发展。

其次，制定信息共享标准规范。

潍坊市在推进落实信息惠民和“互联网+政务服务”工作过程中，积极采纳现有国家标准、行业标准、政策标准，形成了本市信息资源共享标准规范。

第一，参照国标形成本市信息共享一系列标准规范。参照《GB/T 21063.1—2007 政务信息资源目录体系第1部分：总体框架》和《GB/T 21063.4—2007 政务信息资源目录体系第4部分：政务信息资源分类》

等标准规范文件，进行政务信息资源目录梳理工作。形成了包括《潍坊市政务信息资源共享交换标准规范体系》《潍坊市政务信息资源共享交换平台使用管理规范》《潍坊市政务信息资源共享交换平台运维安全管理规范》《潍坊市政务信息资源共享交换平台咨询服务规范》《潍坊市电子政务数字证书使用管理规范》《潍坊市政务信息资源共享交换平台对接指南》《潍坊市政务信息资源共享交换平台交换节点使用指南》《潍坊市政务信息资源共享交换平台接入要求》在内的8项管理制度，规范信息资源共享流程，包括平台接入方申请接入平台、平台运维方实施和数据共享使用。平台接入方需先提交《潍坊市政务信息资源共享交换平台接入申请表》给市智慧办，市智慧办审核通过后通知平台运维方进行软硬件安装等具体实施工作，平台接入方配合运维方的实施工作，并在交换节点配置完成后在《潍坊市政务信息资源共享交换平台实施工作单》签字、盖章，数据提供方按照约定的更新频率定期提报数据，数据使用方与市智慧办及数据提供方进行相应业务协调，并签署三方合作协议《潍坊市政务信息资源共享合作协议》，方可正式通过平台进行数据的共享使用。

第二，采纳国标、行标强化部门共享互通。推进市民卡时采用的是人社部、住建部、卫生部的国家标准，并印发了《关于规范非金融 IC 卡发放工作的通知》《潍坊市市民卡工程实施方案》，实现互享互通。

第三，采纳国标制定“天地图”基础信息标准规范。“天地图”采用的标准是《关于认真做好地理信息公共平台建设工作的通知》（国测成字〔2008〕7号）、《基础地理信息公开表示内容的规定（试行）》（国测成发〔2011〕8号）、《“天地图”省市级节点建设方案》（国测信发〔2011〕1号）。

最后，夯实信息共享基础设施建设。

潍坊市政府高度重视信息共享基础设施建设工作，统筹规划，坚决杜绝重复建设现象。要求市直各部门、单位要依托全市统一的电子政务基础设施，开展业务应用，落实好信息化建设“三不”原则（即“没有保密等特殊需要，各部门不再建设专网，不再建设机房，不再购置服务器、存储等基础硬件”）。加强对全市重大信息工程，特别是政府为公众提供公共服务的信息工程的统筹规划，已建立的能够支撑全市应用的信息平台的，逐步在全市推广应用，原则上不再重复建设，做到共建共享共用。

第一，建设统一的非涉密电子政务基础承载网络。分为市电子政务外网（互联网）和市电子政务专网（省专网潍坊子网）。市电子政务外网纵联省、市、县、镇四级，横联市直党政机关、事业单位，是与互联网逻辑隔离的非涉密公文传输网络。市电子政务专网是省专网在潍坊的延伸，按照省专网统一要求进行规划、建设、管理和运维。

第二，建设了统一的云计算中心。建设统一的、绿色节能的、按需分配的分布式云计算中心，建设国内领先的云计算中心基地，促进智慧潍坊统筹、集约、融合和可持续发展。已为70多个市直部门和部分县市区提供了云服务支撑。正在按照“积极稳妥、先易后难”的原则，推进市直部门和部分县市区业务应用向云计算中心迁移，实现高效、安全和可持续发展。

第三，建成了全市统一的政务信息资源共享交换平台。有力支撑了全市综合性信息化项目的建设，目前智慧潍坊时空信息云平台和潍坊市社会信用管理平台等项目都通过共享交换平台与其他部门进行数据共享交换，同时共享使用了平台人口库和财税库的数据。

搭建完成全市统一的政务信息资源共享目录梳理系统。目前正在对行政许可事项和证照资源进行全面梳理，各部门要及时梳理并填报本部门其他信息资源目录，将信息资源目录的更新作为一项常态化的工作。

3. 信息共享平台对接深入推进

2016年10月，省经信委批复同意将潍坊市列为省、市两级信息资源共享交换试点城市，潍坊市正在努力做好市级平台的基础工作，实现了与省平台的对接。按照国家、省政务信息资源共享管理有关办法要求，共享平台在省、市两级部署，县级及以下政府不再建设本级共享平台，潍坊市积极推动县市区接入市共享平台，项目组开发人员到各县市区实地调研市县对接需求，已确认近期要接入市共享平台的县市区有昌乐、临朐、诸城、寿光等，其他县市区也都有不同层面的接入需求。为保障市县对接工作的顺利进行，讨论制定了基本的市县对接方式，确定县市区接入市共享平台的具体流程，制定了《潍坊市政务信息资源共享合作协议（县市区）》，明确了县市区接入平台后的数据安全和责任划分等问题。

# 第四章　“智慧潍坊”建设的未来规划

未来三年，智慧潍坊建设坚持目标导向、问题导向、需求导向，对标杭州、无锡和威海等先进城市，按照国家新型智慧城市建设要求，以“以人为本、创新驱动”为宗旨，通过政府主导、市场化运作、公司化运营，以“物联潍坊”为基础，以“城市大脑”为核心，围绕“惠民、优政、兴业”三条主线，深化智慧潍坊3.0，探索“城乡一体”的智慧社会建设，为潍坊市“四个城市”建设及新旧动能转换提供支撑。

到2020年，基于“物联潍坊”的各领域智慧化应用水平显著提升。以“城市大脑”为统领的部门信息化集约建设和数据融通不断深入，大数据智能分析广泛应用于各领域决策管理。高速、融合、安全、泛在的下一代信息基础设施基本建成。形成多方参与、协调融合的智慧潍坊发展氛围，民生服务便捷普惠、城市治理精准高效、智慧产业链条趋于完善，智慧潍坊产业园成为国内产业集聚高地。基本建成以物联网、大数据为基础的智慧潍坊3.0，打造国家级新型智慧城市示范城市，实现智慧潍坊建设国内领先、国际一流。智慧潍坊成为全市建设创新型城市和智慧社会的有力支撑。

## 一 基于“物联潍坊”，搭建智慧潍坊基础框架

按照“一张网、一个平台、N 类应用”的总体设计，建设覆盖全市的 NB-IoT 物联网络，搭建“物联潍坊”公共服务平台，支撑各类物联应用集约建设，归集城市运行大数据。

重点打造 13 类物联网应用项目。一是智慧泊车。实现对路边公共停车位状态的实时监测、动态分配和数据采集，为市民出行提供便捷、高效的停车引导服务。二是车联网。汇聚车辆位置、轨迹和状态感知等数据，实现车与车、车与人、车与路的互联互通、信息共享，提供车辆动态数据服务。三是智慧市政。实时监测市政设施状态，感知城市运行情况，支撑城市管理决策。四是智慧环保。实时采集大气质量、光照、噪声、污染源等数据，为环境质量监测、监控、管理等提供数据服务。五是智慧环卫。实现对污染

物、垃圾处理及回收利用全过程的跟踪监控，打造“从源头到去向全程量化监控”的物联网管理模式。六是智慧消防。实现全市消防资源和管控对象的统一展现、实时监控和智能管理，构建智能化消防安全管理模式。七是智能抄表。将人工抄表改造为基于物联网技术的远程自动抄表，实现水电气暖的事件预警、应急管理和安全供应。八是智慧水务。实现水资源“源、供、排、污、灾全过程量化监控”和部门间信息的互联互通。加快智慧河长系统建设。九是智慧养老。实现养老机构或子女对老人健康、位置等信息的实时监测、动态监控、分析预警，并与远程医疗系统实现数据共享。十是智慧楼宇。实施采集楼宇电梯运行、通风、照明、温湿度等状态数据，实现楼宇设施相关数据共享，营造人性化的办公及生活环境。十一是智慧物流。将物联网技术及设备应用于包装、运输、存储、配送，以及出库、入库、库存等各个环节，推动现代物流产业发展。十二是智慧农业。利用物联网终端采集农业生产及畜牧养殖有关温度、湿度、空气、光照、土壤等数据，实现对农产品生长和畜牧养殖过程的精准控制。十三是智能制造。鼓励全市企业重点发展基于物联网的生产控制管理应用，提升企业精准、柔性、高效的供给能力。

## 二 以“城市大脑”为统领，统筹部门信息化集约建设

通过“物联潍坊”、基础通信网等感知和汇聚城市运行各类数据，依托云计算中心、大数据平台、信息资源共享交换体系，融合人工智能、区块链技术，实现交通、警务、政务、城市管理、产业经济五个维度城市运行体征数据的交互融通，打造智慧潍坊“城市大脑”，以数据的智能分析和精准判断执行，在确保城市功能运行流畅的同时，为领导和部门提供决策依据，提升智慧潍坊建设层次和水平。

完善智能中枢。一是完善全市统一的云计算中心，提供高效可靠的计算、存储、网络、安全能力支撑。二是完善数据采集和共享交换平台，连接各类终端和系统，把数据集中输送给“大脑”。三是建设全市大数据中心，实现“大脑”的“思考”能力，对城市运行情况进行智能分析和科学决策。

深入推进政务信息系统整合共享，通过信息资源共享交换平台，汇聚各级各部门日常履职、行政管理、政务服务等数据，不断丰富政务大数据资源，支撑“政务运行大脑”运行。

完善教育、医疗、社保、旅游、社区、安监、食

安、管网等领域智慧化建设，支撑“城市管理大脑”运行。

整合交通、交警、市政等部门交通管理相关数据资源，支撑“城市交通大脑”运行。

依托警务云，建设基于大数据架构的公安警务信息资源库，支撑“公安警务大脑”运行。

汇聚产业经济发展海量数据，支撑“产业经济大脑”运行。全面、准确、动态地展示城市经济态势，打造服务于城市产业与区域经济发展的“经济沙盘”。

## 三 开展五大行动，实现智慧潍坊全景式发展

一是基础平台支撑体系智能化行动。形成高速融合、安全泛在的“强基”新基础。建设云计算、物联网、大数据、时空信息云、城市运管指挥、“潍V”智慧城市云服务、云支付、信息资源共享交换、信息安全等公共平台，在全省率先实现政务信息系统整合上云和共享。

二是民生服务便捷化行动。建立起以人为本、公平普惠的“惠民”新体系。面向教育、健康、社保、出行、旅游、养老、扶贫、社区、文化等领域，不断满足人民群众日益增长的个性化、多样化需求，不断

提高人民群众幸福满意度。

三是城市治理智慧化行动。构建起精准高效、协同共治的“善治”新格局。优化提升市政、综治、应急、环保、安监、食安、安防、环卫、水务、楼宇、管网、人防等领域智慧化治理水平，实现对城市运行治理的精准把控和科学决策，保障提升市区等战略实施。

四是政务服务高效化行动。打造出集约共享、透明便捷的“优政”新模式。落实“互联网+政务服务”建设要求，实现政务服务事项“一号申请、一窗受理、一网通办”。推动政务云、政务系统、政务大数据等整合一体化发展，在国内率先实现公务人员智慧差旅管理，提升政府运行效能和作风建设水平。

五是智慧经济高端化行动。培育出产业融合、创新发展的“兴业”新动能。建设智慧潍坊产业园区和孵化器，争创国家数字经济示范区，发展壮大物联网、大数据产业、VR（AR/MR）产业，培育数字经济成为潍坊经济转型发展的新动能和新引擎。

## 四 加强保障，消除智慧潍坊发展后顾之忧

第一，加强组织领导。落实智慧潍坊建设“一把

手”工程，推动各级各部门主要负责人高度重视，严格按照智慧潍坊建设总体规划和“统一规划、统一网络、统一平台、统一标准和分级实施”原则，落实责任，密切配合，基于全市统一的云计算中心和共享交换体系建设各自的业务应用系统和业务数据库，同时按时保质完成市里统一安排的建设任务。强化各级智慧城市主管部门的地位，会同财政等部门建立项目申报、论证审查、招标采购、建设管理、项目验收、绩效评估等的信息化全流程闭环管理机制。

第二，完善管理机制。建立首席信息主管（CIO）制度，统筹各部门信息化项目建设，各部门设立首席信息官主抓本单位信息化项目，各级智慧城市主管部门建立定期培训 CIO 机制。推行首席信息官联席会议制度，作为常态化组织协调机制，定期召开联席会议，统筹全市信息化建设。围绕公共信息资源开发利用，开展智慧政务、智慧民生（教育、医疗、社保、养老、交通、旅游等）、智慧园区等方面的标准规范落实和制订工作，推进新技术、应用、管理规范的建立和实施。

第三，完善投融资机制。市各级财政设立智慧城市建设引导资金，吸引社会资金参与智慧城市建设，推动形成全市智慧城市自我完善和发展的良性互动模式。创新智慧城市建设和运营机制，完善资本金注入、服务外包补贴等政府资金支持方式，保障重点智慧项目建设需要。坚持“政府引导、市场化运作、多元化投入”原则，加大市场投入力度，通过特许经营、购买服务、政府和社会资本合作（PPP）等形式，引导优质社会资本参与智慧潍坊建设，探索智慧城市领域政府与企业联合建设运营模式。

第四，建立健全潍坊智慧城市建设标准规范体系，开展适合智慧潍坊建设实际的智慧城市评价指标体系的研究与制定，探索建立智慧城市重大项目监督听证制度和问责制度。将智慧城市建设纳入科学发展综合考核体系重要内容。以督察或委托第三方评估机构等方式，对项目建设任务完成情况进行督促和检查，并实行定期通报制度。

第五，强化信息安全保障。增强安全意识、风险防范意识，完善管理制度，加强网络安全，强化数据安全和信息保护，形成与发展水平相协调的网络安全保障体系。完善网络和信息安全基础设施建设，做好政务数据备份和灾难恢复工作，构建公共网络、政务网络信息安全体系，提高综合防范水平。以关系城市安全、社会稳定和经济社会发展的重要信息系统为重点，建立健全以等级保护、网络信任体系和应急处理机制为重点的信息安全保障体系。

第六，强化智力支撑，培养人才队伍。加强智慧城市理论和实践的研究与创新，发挥智慧潍坊研究院作用，延请外脑，牵头组建服务智慧潍坊建设的新型专家智库队伍，引入专家评估机制，构建充满活力的智库辅助决策机制。面向部门、企业组织开展智慧潍坊相关培训。鼓励和支持高等院校开设相关专业，建设公共实训基地，探索订单式、复合式、实训式等多种人才培养模式，引导企业与高校、科研院所等联合培养紧缺专业人才，结合职业教育，探索建立信息化人才队伍梯次培养体系。

# 第五章　智慧城市建设展望

## 一　中国智慧城市建设面临的问题

### （一）智慧城市信息共享与横向联动难

智慧城市建设涉及城市的方方面面，既包括各级政府部门，也将生活在城市中的每一个人和在城市中运转的公司、企业、个体经营户等形形色色主体囊括其中。由此可断言，智慧城市建设工程涉及面之广是作为城市建设主导的各级政府难以精确掌控的。各级政府、各个部门可以通过行政手段相对容易地将各项政策、制度、规划、工程等逐级推进，实现纵向联通；但个别地方部门之间“条块分割”“信息孤岛”现象严重，部门之间缺少数据共享与应用，同时，如何充分调动城市中各方的积极性，实现横向上的联通联动则具有相当大的难度，这直接影响资金筹措、规划落实等实际建设中每一个环节的效果。

## （二）智慧城市技术选择与方案优化难

当代科学技术发展速度之快超乎常人想象，特别是在互联网、物联网等新兴领域，诸如“日新月异”之类的词语早已难以形容其以分秒为单位的发展速度。一方面，智慧城市建设迫切需要先进技术的支持。大数据的重要性已得到国家层面的认可与重视，与大数据相关的新技术手段层出不穷，智慧城市建设得益于大数据计算的广泛应用，使得人与城市的关系突破“数字城市”阶段的僵化与隔离障碍，从而实现人与城市的全方位信息感知与互动，从而使得城市生活越来越“智慧”和便捷。智慧城市建设者需时刻保持对技术发展情况的敏感度，及时引入最为先进的技术为我所用。另一方面，先进的技术也可视为一种时尚，有些时尚可以成为经典长久流传，也有些时尚转瞬即逝，不可盲从。中国智慧城市计划投资超万亿，如此巨大的成本投入需要切实的成果作为回报。但现阶段在一些试点城市中，“智慧”二字与市民生活仍存在一定距离，市民对智慧城市建设的成效没有明显感受，空气污染、交通拥堵之类的“城市病”没有得到改善，市民诉求没有得到有效回应。与之形成对比的是，一些地方的智慧城市建设工作过分偏重硬件投入和基础设施建设，却因不适用、不会用、不实用等原因造成闲置与浪费，不久便落后于潮流。在对是否采纳新技术或新方案进行决策时，单一的政府主导体制做出选择的最终效果往往不如充分发挥市场的基础性作用。“智慧潍坊”建设是复杂且庞大的系统工程，在建设初期，政府需要从智慧城市顶层设计、规范标准体系、统筹协调组织等方面发挥引导作用。但是受制于政府管理机制体制和缺乏市场竞争机制，政府投资智慧城市建设项目的效率远远低于市场，从而引发了一系列的问题，应引起其他智慧城市建设者的注意。

### （三）智慧城市之间共性与个性平衡难

我国智慧城市建设采取试点先行的方式逐步推进，虽有国家层面的顶层设计，但适用于全国的政策性文件难免流于宽泛，各省、各试点城市纷纷出台各自的政策文件、技术标准等，各地有独特的做法和运营模式，具体到实践环节各智慧城市的数据平台、应用终端在名称、操作系统方等不尽相同，各城市之间数据不具有兼容性。在人口流动频繁的现实情况下，于个人而言，离开常住城市前往其他城市会在衣食住行方面遭遇诸多不便；于政府部门而言，过分依赖有限的技术手段会在流动人口服务管理等方面形成社会治理的盲区。

### （四）智慧城市成果评价与体系完善难

智慧城市建设离不开“标准”支撑，标准在促进城市要素智慧互联、完善基础设施建设、实现城市资源共享、推动公共服务均等化、合理利用能源和资源等方面都有着重要作用，但目前智慧城市的标准建设仍有待加强。中国智慧城市指标体系的研究与开发在各层级均有所动作，如何评价现有的智慧城市建设绩效不仅是对已有经验教训的总结，更是指导智慧城市未来走向的指针。目前国家层面、部分省市均出台了智慧城市指标体系，但这些指标体系设计实行还存在一些问题。例如，一些指标体系在设计之初缺乏问题意识，仅肯定成绩，评估过程中不能及时发现现阶段智慧城市建设存在的问题和不足；再如，一些指标体系设计僵化，难以适应智慧城市建设起步阶段各试点城市发展不均衡的现实，不仅不能在其他城市中推广，即便仅用于自评也有失科学性，其结果难免有自卖自夸之嫌；又如，一些指标体系过分偏重对技术标准和物质投入的考核，而对应用和实际运行状况考核较少。

### （五）智慧城市现有技术下安全保障难

智慧城市建设依托信息技术，然而目前互联网、大数据系统等领域的信息安全还得不到充分保障，黑客攻击事件时有发生。智慧城市建设将海量信息收入池中，对其进行计算、分析与应用，这其中为数不少的信息涉及群众个人隐私、企业商业秘密，甚至还涉及政府部门秘密和国家秘密。因此，如何保障信息安全，确保上述信息不被窃取、滥用，是智慧城市建设过程中必须面对的难题。

## 二　破解智慧城市建设难题的路径

### （一）全面培育信息思维模式，增强智慧城市建设认同

信息化席卷全球并渗透社会生活各个层面，虽势头强劲，但信息技术融入人们工作生活的时间并不算长，无论是政府部门工作人员还是普通群众对于信息技术的了解未必充分，除非专门技术人员，人们距离时下最为先进的信息技术皆存在或近或远的距离。欲充分调动各方积极性，推动智慧城市建设和谐有序发展，势必要拉近普通人与信息技术之间的距离，使其明显感受到智慧城市建设在工作生活各方面带来的积极影响，从而自下而上地增强对智慧城市建设的认同感。

### （二）建立科学合理决策机制，积极审慎应对技术革新

智慧城市建设对于信息技术的选择需要建立科学合理的决策机制，决策者既要包括技术领域的专家，也要包括管理者、城市建设专家、法学专家，甚至社会学专家、政治学专家，同时也应充分听取城市中生活的个人、企业等不同主体的意见，扩大决策机制的公众参与。从而在做出选择之前充分论证，超越单纯的 IT 思维，避免陷入工具主义的陷阱，在决定是否采纳新技术问题上既要紧跟时代步伐，又不随波逐流。

潍坊市今后在智慧城市建设项目方面，计划根据实际项目的属性，鼓励采用多元化的融资方式，引入市场竞争机制，充分调动企业参与的积极性，发挥市场在资源配置中的决定性作用，形成政府、企业、社会合力推进“智慧潍坊”发展格局，确保智慧城市建设的可持续性。这一思路可以为其他城市提供走出现有决策困境的思路。

### （三）智慧城市建设求同存异，兼顾各试点共性与个性

智慧城市的建设者应树立全国甚至全球性的思维，而不能仅将目光限于本地。未来，充满“智慧”的试点城市必将连接成为一张覆盖全国的庞大网络，由

“智慧”带来的便利应在网中的每一个点得到兼容，而非稍有位移便“水土不服”。因此，有必要在智慧城市的顶层设计上关注各个试点城市的共性与可持续、开放性发展，为未来城市之间的互联互通留有余地。同时，应为各城市截然不同的发展路径或独具特色的历史文化风貌留下自由选择的空间，避免千城一面。

### （四）完善智慧城市指标体系，借助评估谋求长远发展

应加强智慧城市标准建设，形成统一的具有指导意义的标准体系。2017 年 5 月，中央网信办、国家质检总局、国家标准委联合印发《“十三五”信息化标准工作指南》，明确提出了“建立新型智慧城市标准体系，加快研究制定分级分类推进新型智慧城市建设涉及的管理与服务标准，加快构建智慧城市时空大数据云平台建设标准体系”。潍坊各县区、各部门、各行业现已有所行动，致力于加强合作与协调，推动城市运行管理中应用的软硬件“标准化”，加快智慧城市建设步伐。

在走向标准化的进程中智慧城市指标体系应起到核心作用。指标体系设计应坚持问题导向，立足于发现问题、解决问题；应充分吸收国外已有的指标体系，将其中适合中国国情的部分为我所用；应将国内现有

的研究成果进行充分整合，体现中国特色和试点城市地方特色；应具有明确性和可操作性，对智慧城市建设者给予明确的指导；应通过分段赋值或不同权重等技术手段，对设计与运行、投入和实效均进行评价，实现指标体系的科学性和层次性。

### （五）时刻严守信息安全红线，多措并举确保信息安全

虽然智慧潍坊建设在安全保障方面取得的成绩足以令公众对智慧城市的信息安全充满信心，但未雨绸缪仍有必要。其他领域信息安全事件时有发生便是对智慧城市建设敲响的警钟。信息安全的保障有赖于信息技术的进一步发展，但技术手段不可能尽善尽美，漏洞与安全隐患不可能被完全禁绝，因此，提升智慧城市全系统的容灾能力，做好处置预案是保障信息安全的当务之急和务实之举。